ツーリズム産業のための 「MTP」のすすめ

―組織マネジメントと人材育成のために―

青木 昌城　編著
石渡　馨・岡本 賢治・神田 達哉・島川　崇・吉田 裕矢　執筆

成山堂書店

本書の内容の一部あるいは全部を無断で電子化を含む複写複製（コピー）及び他書への転載は，法律で認められた場合を除いて著作権者及び出版社の権利の侵害となります。成山堂書店は著作権者から上記に係る権利の管理について委託を受けていますので，その場合はあらかじめ成山堂書店 (03-3357-5861) に許諾を求めてください。なお，代行業者等の第三者による電子データ化及び電子書籍化は，いかなる場合も認められません。

口絵 01　京都橘高等学校吹奏楽部　台湾招待演奏

第1章

京都橘高校吹奏楽部は、マネジメント（リーダー）育成のプラクティショナー（実践者）である。高校生たちが、組織としての「目的」「目標」の達成を、どのようにして行なっているかをインタビューした。

口絵 02 キヤノン電子株式会社　新人研修風景

第1章

キヤノン電子では、入社した瞬間から、将来のリーダーを内部育成することが、企業自体の存続を決定づける最大の仕事となっている。

口絵 03 MTPインストラクター養成講座の様子

第7章 他

日本産業訓練協会では、MTP研修のほか、MTPインストラクター養成講座も開講している。インストラクター数は、約4000名。MTPの受講者数は、100万人を超えている。

はじめに

　本書は、ツーリズム産業の従事者とりわけ管理職以上の方々と、この産業についての研究をしながら将来の就業を目指す学生の皆さん（さらに将来、管理職になるだろう人々）を主に対象とした、わが国で業界向けに特化した最初の「MTP（Management Training Program）解説書」である。

　本書の執筆陣の全員が、「ツーリズム産業」と呼ばれる業界を熟知しているのは当然として、その問題認識においても共通したものがある。それは、業界一般に適用できる、組織運営におけるマネジメントに関する無関心や無知についての危機感である。これはなにも最近の現象ではなく、戦後史というレンジ、あるいはもっと以前からのわが国の近代史からある問題といっても差し支えないように思える。なぜならば、わが国のなかにあるさまざまな「組織」において、過去連綿と、滑稽とも思えることが繰り返されているからだ。数々の小説よりも奇なることが現実に起き、知られているのは、それだけ、ほとんどの人が経験することだからである。もちろん、その経験とは、生活の中でのことであり、学校や企業組織の中で、あるいは、消費者として、利用客としての場面で遭遇するおかしなことである。

　人間同士のことだから、ちょっとしたハプニングから生まれる楽しいコミュニケーションになることもあれば、クレームにもならない些事もあるし、ときには期待値以上の思わぬ歓びもあれば、またその逆もある。これらは、無機質な統計の世界でいえば、「標準偏差」や「外れ値」として表現されるもので、こうした現象をいかに想定内でコントロールするのかが、管理職たるマネジャーの役割になる。しかしながら、わが国のツーリズム産業界にあっては、古くから、「プレイング・マネジャー」の概念が強くあり、マネジャーには組織マネジメントをすることよりも、よきプレイヤー、客あしらいのプロ、あるいは、ひとたらしであることが求められてきたのは事実である。

　もちろん、「プレイング・マネジャー」を全面否定するものではないけれども、単なるプレイヤー重視では組織運営としてのマネジメントとはかけ離れたままになってしまう。このことが、「産業」として成長できないことの大きな要因になってはいないかという、我われの危機感につながっている。つまり、ベースにあるべき優先順位は、組織運営のマネジメントの方であって、その上に、

i

はじめに

専門家としての技能・技術があると考えるのである。

　このことは、バブル後、旅館やホテルあるいはアミューズメント施設などの経営再生にかかわった経験からも一致する。しかも、その頃から一世代30年以上を経た今もなお深刻な問題点として残存している。それは、残念ながら経営破綻してしまう状態に陥ったツーリズム産業の経営者・管理職に共通している実態からも明らかである。そして、「コロナ禍」でいわば淘汰されてしまっても、いまだに組織運営におけるマネジメントが不得意な状況が改善されているとはいいがたい。それだけ根が深いことだし、逆に、この問題の克服こそが、将来への大きな希望だというのが、本書執筆陣共通の想いとなっている。

　昨今、ムダ取りと、ムリについてハラスメント対策などがトレンドの話題になっているが、業界ではなお、ムダの除去よりも経費削減至上主義が、ムリの除去よりも隠蔽が優先という残念な本末転倒が散見される。さらに、ムラについての問題意識が低いために、「経営職・管理職による標準偏差を最小化するマネジメント努力がムラをなくすのだ」というイメージの欠如が起きている。これもまた、MTPの普及がないことに原因があると思われる。

　組織というものは少数で動かすことが困難なために、管理職としての組織運営の常識（セオリーとノウハウ）をムラなく普及することは急務だ。しかしながら、大企業ならまだしも、中・小・零細という業界内での企業規模におけるムラが、企業内のムラにもなっていると考えられる。企業の枠を超えて地域などで合同実施する方法も十分に検討する価値はあるだろう。

　本書を参考に、是非ともMTPの実施・実践を検討いただけたら幸いである。

　最後に、そもそもMTP導入以前の問題として、自社の「あるべき姿・ありたい姿」を描く大前提すら欠如している場合もある。惰性で運営している組織は意外と多いものだ。したがって、本書では事例の中に、それらの目標を意識的に行間表現している。是非とも読み取っていただければと思う次第である。

　なお、本書は、わが国におけるMTPの本家本元、一般社団法人日本産業訓練協会の協力をいただいている。関係各位には改めてお礼を申し上げる。

　本書に向き合っていただいた読者に新しい視野が展開されることを祈りつつ、また、本書がお役に立てば、執筆陣全員の望外の喜びとするところである。

2024年10月

執筆者を代表して　青木　昌城

目　次

はじめに

序　章　ツーリズム産業における MTP の意義 ―― 1
0.1　わが国の宿泊産業の歴史的段階 ―― 1
0.2　ツーリズム産業の歴史と現況 ―― 5
0.3　本書の構成 ―― 7

第 1 部　MTP の概説

第 1 章　組織とリーダー育成 ―― 12
1.1　組織と組織を動かすための基本知識 ―― 12
1.2　組織に人を新しく入れる ―― 15
1.3　オレンジの悪魔―京都橘高等学校吹奏楽部のマネジメント ―― 17
1.4　快挙達成までの道のり―京都橘高等学校吹奏楽部インタビュー ―― 19
1.5　MTP の思考で会社を伸ばす名経営者のマネジメント
　　　―キヤノン電子インタビュー ―― 28
1.6　2 つの組織の共通性 ―― 37

第 2 章　人材育成　―リベラル・アーツとしての MTP― ―― 39
2.1　STEM 教育、STEAM 教育 ―― 39
2.2　学習社会の実現 ―― 42
2.3　学習社会とリベラル・アーツの連関 ―― 43
2.4　リベラル・アーツの歴史的成り立ち ―― 46
2.5　変わらない教育としてのリベラル・アーツ ―― 48
2.6　MTP へのインプリケーション―その教育は人を自由にしているか ―― 49

第 3 章　手法としての MTP の研究・評価の歴史と展望 ―― 53
3.1　「ホーソン実験」の人間関係管理と MTP の有効性について ―― 56
3.2　産業競争力の基礎体力（インナーマッスル）としての MTP ―― 65
3.3　マレーシアの事例が意味する警告と未来 ―― 67

第 4 章　MTP プログラムの構成 ―― 71
4.1　MTP の対象範囲 ―― 72

iii

4.2　MTPの骨格構造 ……………………………………………… 75
　　4.3　各部の解説 …………………………………………………… 78
　　4.4　『MTPを中心とした経営管理の技術』を読む ……………… 84
　　4.5　『細うで繁盛記』からMTPを解説する …………………… 89

第2部　ツーリズム産業へのMTPの活かし方
第5章　押さえておきたい管理者研修の時代的な背景 ──── 106
　　5.1　マネジメントのトレンド推移 ……………………………… 106
　　5.2　管理者研修の時代背景 ……………………………………… 116
　　5.3　リーダーシップ論の移り変わり …………………………… 126
　　5.4　新たな時代のマネジメントへ ……………………………… 130

第6章　ツーリズム産業版MTP設計の試み ──────── 134
　　6.1　MTPはツーリズム産業に効果的か ………………………… 134
　　6.2　ツーリズム産業向けシート集と事例 ……………………… 140
　　6.3　信頼関係の形成／人をめぐる問題の解決 ………………… 147
　　6.4　信頼関係の形成／旅行業における顧客対応現場の守り方 … 151

第7章　MTPの普遍性と導入トライアルの手ごたえ ───── 161
　　7.1　老舗ホテルの人材育成の実態 ……………………………… 162
　　7.2　労働組合の視点 ……………………………………………… 166
　　7.3　MTP研修に参加して ………………………………………… 169
　　7.4　MTP研修の開講 ……………………………………………… 171

第8章　MTPのパイオニア ───────────────── 177
　　8.1　TWIとMTP …………………………………………………… 177
　　8.2　医療での挑戦―筑波大学病院、新潟大学医学部の事例 …… 180
　　8.3　人的サービス業にこそMTPが必要―国際自動車インタビュー …… 187
　　8.4　インタビューを終えて ……………………………………… 194

索　　引 ……………………………………………………………… 197
執筆者略歴 …………………………………………………………… 201

序　章　ツーリズム産業における MTP の意義

　本書は以下の考え方をベースにしている。
　まず、ツーリズム産業における、マネジメントに関する感心の希薄さはいったいどこに原因があるのかという疑問に答えるひとつの仮説を示したい。筆者の経験値からの考察であるために、ツーリズム産業よりも狭い、宿泊業界を主たる事例とすることをあらかじめお断りしておくが、だからといってツーリズム産業にまったく関係ない、ということではないと考えている。
　考察の原点は、第二次世界大戦での敗戦である。ここから、3つの歴史的な段階を経ていることが、この業界の素地を形成したと考えられるのである。

0.1　わが国の宿泊産業の歴史的段階

(1) 公職追放

　わが国を占領した連合国は、東京に連合国軍最高司令官総司令部（GHQ）を設置した。そして、全産業を対象として、1946 年 1 月 4 日に、「公職追放令」を発出したことは歴史的事実である[*1]。追放は、政治家、経済人、言論人、地方の実力者ら約 21 万人（内事業家は 1898 人）に及び、ここに、民間では経営者の断絶が発生したのである。経営者が突然いなくなり、課長職以下にあったような人物たちが経営者に急遽社内昇格するという、混乱の悲喜劇を小説化したのが、源氏鶏太の『三等重役』[*2] であった。小説では、自信のない新社長が自分の過去を知る周辺の目にビクビクしながらもそれを払拭するための心理から、やがて権威主義的態度に変容し、追放解除による前社長（本来の経営者）の復帰に戦々恐々としている滑稽が描かれている。そして物語自体は、前社長の突如の病変とすることで（幸いにも）元の職位への降格という難を逃れる展開となっている。
　このエピソードは、帝国ホテル社長であった大倉喜七郎氏が追放されて、支

[*1] 国会図書館「史料にみる日本の近代」第 5 章新日本の建設[1)] より。なお、追放者の内訳については、斉藤勝久「占領期最大の恐怖「公職追放」：講和条約の発効で追放に幕(6)」[2)] による。
[*2] 源氏鶏太 (1951)『三等重役』[3)]。『サンデー毎日』にて 1951 年 8 月 12 日号から 1952 年 4 月 13 日号まで連載された小説で、後の 1959 年に森繁久彌の初となる映画シリーズ（1952 年、新東宝）にもなった当時の人気作。

序　章　ツーリズム産業におけるMTPの意義

配人であった犬丸徹三氏が社長に昇格し、なお、追放解除によって大倉氏が帝国ホテルに復帰することを犬丸氏以下が抵抗したためにホテルオークラを設立した実話と重なるのである。ために、ホテルオークラの社是が、「打倒帝国（ホテル）」であったことは、業界人なら知らぬ者はいなかったろう。

しかし、上述した小説が人気を博したのは、公職追放の影響が全産業に及んだことの結果なのであって、特に業界を絞るようなことをしないで書いた作家の力量があったといえるであろう。

(2)　接　　収

ここからが、わが国の宿泊業界に及んだ「特別」である。

全国の空襲から逃れた主たるホテルが、保養地も含めて、占領軍に接収されたのである。辞書を引けばわかるように、「接収」とは、国家などが所有物を取り上げること、である。つまり、まったく所有権が及ばない、特殊な状況である。よって、労使ともに、この時代のことを詳述している[*3]のは、当然といえば当然だ。つまり、接収によって経営権はもとより、施設も人員もすべてが米軍のために存在することとなったのである。

ここで労使の資料が揃っている帝国ホテルの例を紹介すれば、「宿泊客」は、大佐以上[*4]であって、最高位は戦後史に名を残すウィロビー少将だった。軍としての「支配人」は、初代が中尉、接収解除まで任務に当たった二代目支配人は中尉から大尉に昇格しているものの、あくまで尉官であった。軍の階級制からすれば、上役である佐官を尉官が接遇するのは当然である。

我々が注視すべきは、社長以下の日本人の立ち位置である。残念ながら、物資もなにもかも米軍支給となっていたのは、食糧難とは別世界ではあるけれど、それが占領という実態であるし、運営も支配人からの命令一下、誰も逆らうことはできなかったのである。これは、帝国ホテルだけではなくて、接収された総計101軒すべての施設で同様だった。

このことは、経営上の側面としては、接収解除されるまでの約6年半にわたる占領期のほぼ全部に及び、文字どおり「経営不在」という時間があったこと

[*3]　「帝国ホテル労働組合30年史」編纂委員会（1976）『窓　大谷石－その光と影と』[4)]から、第Ⅰ期　薄明期、2 敗戦直後のホテルとホテル労働者、pp.9-13. および、帝国ホテル編（1990）『帝国ホテル百年史』[5)]、第6章 ホテル受難時代、を参照のこと。

[*4]　前掲、『帝国ホテル百年史』[5)]、p.465

2

0.1　わが国の宿泊産業の歴史的段階

表 0-1　接収リスト

接収開始	ホテル名	解　除
1945 年 8 月	ホテルニューグランド（横浜）	1947 年 6 月
	バンドホテル（横浜）	不明
	逗子なぎさホテル	1947 年 3 月
	鎌倉海浜ホテル	45 年焼失
9 月	第一ホテル（東京）	1956 年 8 月
	帝国ホテル（東京）	1952 年 3 月
	松島パークホテル	1952 年 4 月
	名古屋観光ホテル	1956 年 10 月
	丸ノ内ホテル（東京）	1952 年 6 月
	三笠ホテル（軽井沢）	1952 年 3 月
	都ホテル（京都）	1952 年 3 月
	宝塚ホテル（宝塚）	1955 年 2 月
	京都ホテル	1952 年 5 月
	京都ステーションホテル	1952 年 5 月
	新大阪ホテル	1952 年 6 月
	札幌グランドホテル	1952 年 8 月
	越中屋ホテル（小樽）	1952 年 10 月
	奈良ホテル	1952 年 6 月
	博多ホテル	不明
	共進亭ホテル（福岡）	1952 年 9 月
10 月	オリエンタルホテル（神戸）	50 年焼失
	琵琶湖ホテル	1952 年 6 月
	北海ホテル（小樽）	1946 年 6 月
	蒲郡ホテル（愛知）	1952 年 5 月
	甲子園ホテル	1957 年 12 月
	富士屋ホテル（箱根）	1952 年 6 月
	強羅ホテル（箱根）	1952 年 3 月
	大一ホテル（名古屋）	1952 年 7 月
	日光金谷ホテル	1952 年 2 月
	日光観光ホテル	1952 年 6 月

3

序　章　ツーリズム産業におけるMTPの意義

11月	レーキサイド・ホテル（日光）	不明
	長良川ホテル	1952年9月
	軽井沢万平ホテル	1952年9月
	大森ホテル（東京）	1951年10月
	唐津シーサイドホテル	1952年6月
12月	赤倉帝国ホテル	1952年6月
	志賀高原温泉ホテル	1952年6月
	川奈ホテル	1952年6月
	橋本ホテル（伊香保）	不明
	静浦ホテル（沼津）	1952年6月
	熱海観光ホテル	1951年11月
	登別グランドホテル	1951年11月
	冨士ビューホテル	1952年7月
	冨士ニューグランドホテル	1952年6月

　他、旭川北海、日光パレス、上林（長野）、軽井沢パークグリーン、アンバサダー（東京）、大島観光、仙石原ゴルフ・クラブハウス、中京（名古屋）、白雲楼（石川）、精洋亭（長崎）、ビーチホテル（有明）、一角楼（有明）、有明、緑屋（雲仙）、雲仙観光、雲仙、新湯（長崎）、九州（長崎）、阿蘇観光（熊本）、亀の井（大分）が挙げられており、その他総計101軒が接収された。
　（出所：『帝国ホテル百年史』pp.467-469より筆者作成）

を意味する。自社を経営したくとも許されない苦しみは、当然に従業員の処遇にまで及んだ。このことの他産業との違いは、どんなに強調しても強調しすぎることはないほど重視されていい。そしてまた、経営者層に、「経営とは何か？」を考えさせる余裕すらもたせなかったことも、後々の現在にまで影響していると考えられるのである。それが、社内昇格による経営（マネジメント）への無知ゆえの軽視が引き継がれたことのはじまりだったと考えられるからである。

(3) 国営ホテルの失敗と接収解除後の状況
　占領期間も6年半に及ぶために、初期の混乱状態から徐々に安定を伴うことでの変化をみせる。つまり、一般日本人の生活の変化とは別に、来日する外国人に民間人が増えてくるのである。しかしながら、軍といえども公務員なので、接収した宿泊施設を民間人に利用させるという発想はもたない。そこで、増える民間人（軍属は除く）によって圧倒的に足りない施設を確保するために、日

本政府に「国営ホテル」の設置を命じた。その代表的な施設が、いまの「パレスホテル」である。

国営ホテルのサービスが満足のいくものでないことが多いのは世界的に共通で、国営ホテルはすぐさま民営化される。ところが、接収され続けている側は、この変化に無頓着であった。まったくの「他人事」だったのは、上述した接収の絶対的経営体制という環境が依然として継続していたからだと考えれば合点がいく。

なお、戦後すぐのわが国の状況で、もうひとつのエポックは、労働組合の設立が相次いだことだ。これは、占領軍が命じ推進させたものである。接収体制においても労組が設立できたのは、軍人支配人からしたら苦渋の許可であったとは皮肉なことである。よって、接収解除による経営権の正常化に先駆けて、いち早く労働組合が組織化されていたことも、経営とは何かを考える余裕のなかった経営陣には対処方法に戸惑いがあったに違いない。これも他産業と区別していい歴史的経緯である。

こうした一連のことも含めた「業界の特殊性」が、先々の高度成長体制への移行期に、一般企業経営者からなる、「日経連（日本経営者団体連盟：2002年に経団連と統合）」からの、宿泊業経営者たちへの叱咤激励となって、権威主義的高圧的対応で労組に対処する、『三等重役』の小説のごとく幼稚で陳腐な態度から、労組側の記録に残る争議のタネとなるのである*5。

0.2　ツーリズム産業の歴史と現況

以上のような歴史的な背景を、本書では「経営不在＝マネジメントへの興味の薄さ」の要因として、仮説ではあるが基本的な理解としている。

サービスの実質的提供者である宿泊産業（当時の代表的事業者たち）のこの状態が地方の温泉旅館経営や、さらに旅行業などにも影響しないはずもない。また、製造業を核としたわが国経済の奇跡的大発展に、よくいえばうまく乗ってきた（悪くいえば便乗してきた）のだともいえる。ツーリズム産業の発展の背景には、労働者階級（日本でいう「中産階級」）の増加と所得の向上により旅行需要が高まったこと、この旅行の大衆化による「観光客の誕生」があってのことだからである。産業革命史にある、イギリスの産業労働者のなかで始まっ

---

*5　前掲、『窓　大谷石』[4]、第Ⅱ期　胎動期、3 吹きまくるホテル争議の嵐、pp.78-89

序　章　ツーリズム産業における MTP の意義

た[*6]ことが、日本の戦後社会にも当てはまるといえる。

　さて、以上の仮説を一般例からみると、同時期にあたる世間一般の日本経済あるいは日本企業の経営の見方として、1965 年 3 月に出版された、土屋喬雄東京大学名誉教授（当時）が書き下ろした、『変ぼうする経営者』（講談社現代新書 35）が時代の全体的な雰囲気を表しているといえるだろう。また、上で示した観光業界の「幼稚性」については、1961 年 3 月から同年 10 月まで「朝日新聞」に連載された、獅子文六著『箱根山』（書籍としては翌年に新潮社から刊行）が、言い得て妙なのである。ちなみに、獅子文六は 1969 年の文化勲章受賞者であり、1963 年には日本藝術院賞も受賞している。その獅子文六が文化勲章受賞の 1 年前に書いた『箱根山のケンカ』（1968 年『獅子文六全集第十五巻「愚者の楽園」より）も、いま手に入る『箱根山』のちくま文庫版で［付録］に収蔵されている。冒頭、「箱根山の堤と五島のケンカは、実に滑稽だった」と書き出している。ここでいう堤とは、西武グループ創始者の堤康次郎のことで、五島とは東急グループ創始者の五島慶太をさす。まさに「（観光）業界」の二大巨頭による幼稚なケンカの顛末が世人の興味をひき、ユーモア小説になって世に出たのである。これぞベリクソンがいう、「笑いにこそ真実がある」の典型だとすれば、あながち本書の「仮説」は嘘ではない。さらに、一般的な例に漏れず、外国人からの批評を紹介すれば、「ロンドン・エコノミスト」が日本を特集した、『Year of The Open Door - The Economist Reconsiders Japan：開放経済の年 - エコノミストが日本を再検討する』（1964 年 11 月 28 日号）の邦訳がある。読売新聞外報部訳、1965 年『それでも日本は進む』（竹内出版）がそれである。たとえば、マネジャーに関して、「だが一般的には、経営管理者（マネージャー）（ママ）は制度的なもので、指揮によるよりも下からの後楯によって仕事をすることが多く、（中略）会社という"ブドウ園"の下っぱの地位での終生の奉仕の末に成り上がった者である。」と手厳しい。また、すでに発生していた労働力の不足（働き手の農村から都会への移動）についての詳細な事情もレポートされている。誇張された表現があるものの、60 年以上前の日本経済の全体像を俯瞰した外国人目線（ここでは英国人）の指摘も、本書の仮説を裏付けていることを付しておく。

＊6　ジョン・アーリ、ヨーナス・ラースン、加太宏邦訳、(2014)『観光のまなざし』法政大学出版局[6)]、第二章大衆観光、p.46

時代は進んで、30余年前のバブル経済の崩壊を契機として、低成長どころか衰退期に入ったわが国経済は、GDPでヨーロッパ最悪ともいわれる苦難に直面したドイツに抜かれ第4位となったばかりか、いまやインドに抜かれようとしている。これを、より端的な、1人当たりGDPでみると、2024年のIMF最新データによれば2023年は世界34位[*7]というレベルとなっている。なお、同データで30年前の1994年では、ルクセンブルグ、スイスに次いで第3位であった。コロナ禍を経た昨今のインバウンドの復活は、業界での明るい兆しとはいえ、「フィリピンよりも物価が安い」ことが日本を訪れた観光客の感想として拡散[*8]し、それが日本の目的地としての人気となっている。つまりわが国経済の実態が開発途上国並みという冷徹な評価をされているのである。

国際比較という点で、労働生産性について確認してみよう。2023年12月に日本生産性本部が発表した、「労働生産性の国際比較2023」[8)]がある。ツーリズム産業を中心とした本書において、ここで注目したいのは産業別比較である。製造業では、わが国の生産性は2019年のコロナ前対比で104.6%と回復傾向にあるが、小売飲食宿泊業では、91.9%でしかない。また別の切り口である、娯楽・対個人サービス業では、同88.5%という水準である。一体なにが製造業と違うのか、を考えたときに、MTP（Management Training Program）の普及（組織運営ノウハウの有無）の違いという仮説もあっていいと考えている。むしろ、MTPを知らないままに現代において企業としての経営や組織運営がしっかり行えるものなのかという疑問の方が先に立つのである。

本書の執筆陣は、こうした現況も共通認識としており、かつてからずっと「成り行き」で成長した可能性の高いツーリズム産業における今後の生き残りに、いよいよマネジメントの概念を注入するしかないという一種の追いつめられた危機感を抱きながら各項を担当執筆しているものである。ときに厳しい筆致があるのは、こうした危機感からのことだとお察しいただき、読者のご寛容を賜れば幸いである。

0.3　本書の構成

ツーリズム産業を含むわが国の第三次産業は、就業人口の7割を占める。こ

[*7]　IMF「世界の1人当たり名目GDP国別ランキング・推移（IMF）」2024年4月19日更新[7)]
[*8]　FNNプライムオンライン番組『イット！』、2024年4月12日金曜午前11時放送[9)]

序　章　ツーリズム産業におけるMTPの意義

こがわが国の経済衰退の元凶となっているのではないか、さらにそれは「マネジメントの認識と実践の不足が原因」だとする上記の共通認識をベースにして、本書は大きく二部に分けて構成している。第一部は、「MTPの概説」とし、組織とは？　リーダーとは？　あるいは、これらを支える基本の、教育・教養とは？　を問うている。もちろん、本書でいう教育とは、学校教育だけのことではないし、教養も一般にいうものよりずっと深いことを特徴としている。

　第1章は、最初にマネジメントのある組織としての具体例を提示した。京都橘高等学校吹奏楽部のインタビューは、高校生ができてなぜに業界の大人たちができないのか？　を大いに啓発したいとの思いからの報告であり、また、他業界の代表としてキヤノン電子株式会社中興の祖、酒巻久会長の言葉を噛みしめていただくことが狙いとなっている。この両者の成功は、決して他人事ではなく、やればできる事例だし、組織運営のあるべき姿・目標を示している。

　第2章は、高校生から成人になる成長と学習過程を、「リベラル・アーツ」の視点から解説したものである。決してヨーロッパ礼賛ではない、正論をもって「教養」を論じる。教養こそ、人が自身と他人をマネジメントするときの考え方の原点であり実行する上で必須の、まさに「真価」であり、昨今のエリートが忘れてしまっている思想的にも最重要な素地だとの注意喚起である。もちろん、接客の上では、顧客もマネジメントの対象に取り込むことになる。広い意味で人生の経験も教養として、サービス提供者・受益者の双方がぶつかる現場における瞬間制御を「（受益者も加わった）接客マネジメント」といい、サービス提供者からの一方的状態を想像するのは間違っている。それを想起すれば、ここでの深い議論は類書にはめったにない本書ならでは、となっている。

　第3章は、先行研究からの人間関係管理の紹介と、新興国マレーシアの事例を挙げている。ここから、本書が「すすめ」たい、MTPについて具体的に触れてゆく。特に、人間関係管理（主にテイラーとフォレット）の学問的発展の先にこそMTPがあるといって差し支えないので、その最も基本的な鍵が本章での解説、すなわち「ホーソン実験」の再認識の強調となっている。ここでのもうひとつのポイントは、経営学の大山脈を築いたドラッカー理論さえもが、この基盤の上に立っている一種の「フロー」であることの事実なのである。こうした、理論の「フロー」にあたる議論は、本書ではさらに第6章でわが国の戦後の時代を振り返る。

　一方で、国を挙げて全産業界がMTP普及に努めているのがマレーシアであ

0.3 本書の構成

る。わが国のツーリズム産業が、マレーシアに遅れを取るのではないかと懸念・警告しているのは、第2章の議論とあわせて噛みしめていただきたい。

　さて本書が「すすめる」MTPそのものが、次の第4章である。ここでは、一般社団法人日本産業訓練協会による現代の「MTPテキスト（第13版）」のサマリーと、1961年、防衛研修所の読本であった、『MTPを中心とした経営管理の技術』を参考にしながら解説した。この読本は、民間企業のあるべき姿として読めるのも興味深い。企業のあり方が改めて問われ出している昨今、こうした思想への回帰がなければ、しっかりした組織運用ができないことに気づくことができるであろう。なぜなら、組織を形成しているのは人間だからである。その人間行為の「事例集」として、1970年代の国民的人気ドラマ『細うで繁盛記』（原作は小説『銭の花』）から、特に前述のフォレットが生涯をかけた「統合論」の実践エピソードも抜き出して解説した。いまではこの作品の詳細を知り得ない60歳代以下の読者にも理解できるように工夫した。

　こうした業界事例を踏まえて、第二部は、いよいよ「ツーリズム産業へのMTPの活かし方」とした解説である。第5章は、戦後に流行った、経営理論の流れについて俯瞰している。MTPが、「不易流行（いつまでも変化しない本質的なものを忘れずに、新しいものも取り入れる）」をいうのは、新しいものだけに囚われると本質を見失うことの危険性を知っているからだと、改めて確認することを示した。社内教育研修として「有効」なのは流行に流されることではなく、組織のアンカーになり得るMTPをもって、風土化（社風：企業文化）させることの重みの理解を促すためである。「定番」が重要なのであって、「日替わり定食」のようにはいかないのである。

　第6章は、特にツーリズム産業として強調したいことについての解説である。また、MTPは普遍的内容であることに異論はないが、一部、ツーリズム産業向けの教材の試案を作成した。昨今、社会的にも関心の高い、「ハラスメント」について注目しているのは、この分野における実際上の注意を要するとの優先順位付けからである。

　第7章は、MTPを実践的に紹介する活動からみた普遍性についての記述である。MTPの新規導入を企図する場合には、経営トップから管理職までの、「マネジメント層」共通の認識とする旨の重要性は、いかなる組織にも有効とされるMTPならではのことである。そこで、労働組合という組織からの視点と、さらにMTPの有効性について、実際に組織幹部の方々にMTPを体験してい

序　章　ツーリズム産業におけるMTPの意義

ただいた試みの報告も加えている。

　最後の第8章は、第1章とは別に、ツーリズム産業により近い業界での実践例を紹介している。MTPの姉妹的存在であるTWI（Training Within Industry）の医療界における実践例を、筑波大学病院と新潟大学医学部の協力を得てレポートする。「Hospitality」を共通の語源とするツーリズム産業と同根の取組みは、現場経験者ほど刺激的であろう。また、タクシー事業を中心に展開されている国際自動車株式会社の実践例も、人を中心にした近隣産業の事例として大いに参考になろう。

　以上のように、本書は、理論と実践のバランスを重視しながら広くMTPを扱った、おそらく初めてとなるツーリズム産業に向けた解説となっている。著しい環境の変化から、とかく、売上・利益に目がいきがちである。しかし、組織の根本にある「人」についてのありようと、そのすでに確立されているマネジメント手法を、特定のトップやまばらな一部の管理職だけではなくて、組織人の全員が知っているか知らないかが、圧倒的なパフォーマンス格差をつくることは自明の理である。

【参考文献】
1) 国会図書館「史料にみる日本の近代」第5章新日本の建設（c）GHQと戦後改革5-7 公職追放
　　https://www.ndl.go.jp/modern/cha5/description07.html　（2024年5月16日閲覧）
2) 斉藤勝久「占領期最大の恐怖「公職追放」：講和条約の発効で追放に幕⑹」
　　https://www.nippon.com/ja/japan-topics/c08506/　（2024年5月16日閲覧）
3) 源氏鶏太（1951）『三等重役』毎日新聞社
4) 「帝国ホテル労働組合30年史」編纂委員会 編（1976）『帝国ホテル労働組合30年のあゆみ　窓　大谷石－その光と影と』帝国ホテル労働組合
5) 帝国ホテル 編（1990）『帝国ホテル百年史』帝国ホテル
6) ジョン・アーリ、ヨーナス・ラースン、加太宏邦訳（2014）『観光のまなざし』法政大学出版局
7) IMF、世界の1人当たり名目GDP国別ランキング・推移（IMF）
　　https://www.globalnote.jp/post-1339.html　（2024年5月19日閲覧）
8) 日本生産性本部（2023）「労働生産性の国際比較2023」
　　https://www.jpc-net.jp/research/detail/006714.html　（2024年5月30日閲覧）
9) FNNプライムオンライン、番組『イット！』、2024年4月12日金曜午前11時放送
　　https://www.fnn.jp/articles/-/684506?display=full　（2024年5月19日閲覧）

第1部　MTPの概説

第1章　組織とリーダー育成

1.1　組織と組織を動かすための基本知識

　MTP（Management Training Program）とは、元来米軍が開発した、管理職育成プログラムである[1]。軍隊はその性質上、機能性を発揮する際には、戦闘行為をもって、すなわち武力による制圧が求められるために、一個の兵士たる人間の消耗を含めた資源の最高度に統制された状態が理想とされる組織である。そのために、近代的な軍は組織の研究において、常に民間企業や政府機構を差し置いて最先端にあるものだ。MTPは当初、軍組織内用に開発されたのであったが、その合理性によって、すべての組織に有効という評価を得るまでになっている。

　もう40年も前になる、1980年代のわが国では、バブル景気を背景にして、「企業戦士」という言葉が流行り、「24時間戦えますか」とCMソングが歌っていたとおり、バリバリ働くことこそがエリート・サラリーマンのイメージであった。とはいえ、MTPが普及している製造業にあっては、管理職がそのイメージであったろうに、一方で、ツーリズム産業にあっては、一般職を含めた「全社一丸となって火の玉となる」イメージで、業界によってまったく別の感覚があったのだろうと推測する。それは、MTPとは何か、または、マネジメントとは何か、という問いに関する別々の感覚があることを意味しているからである。

　MTPを分解すれば、マネジメントをトレーニングするプログラムである、という点からも、戦後すぐに導入させられた製造業と、序章で述べたように「接収」された宿泊業とでは、まったく別の感覚となろう。すなわち、製造業界においてはすぐさま具体的なイメージが湧くのと違って、宿泊業界では何のことか不明だという差である。また、「マネジメント」という言葉を聞けば、製造業なら「組織運営」あるいは、組織運営に長けた「管理職」をイメージするだろうが、宿泊業界では、「役員＝取締役（会）」をイメージするだろう。ましてや、従業員が上司からセルフ・マネジメントを推奨されるような職場環境にないのが宿泊業の一般的な「あるある」なのである。

　実際のMTPを受講すればわかるのは当然だが、受講生と講師の関係は、学

1.1　組織と組織を動かすための基本知識

校教育における生徒と先生という関係とは異なっている。今でいう、ファシリテーターの役を負うのが講師で、受講生は個々にテキストにある事例を解釈してはそれを自分の言葉として積極的に発言するように向けられ、ファシリテーターたる講師によって集約されるのである。また、受講生の多くは、管理職へ昇格する直前、あるいは直後だという特徴もある。それは、MTPを導入している企業では、MTPへの受講を上司から告げられることが、管理職昇格の内示と同様の意味をもっているからである。すなわち、MTPでいうマネジメントとは、組織マネジメントのことで、その立場に立つ（新任）マネジャーを訓練するためのプログラム・メソッドとして浸透しているのである。

このことは、逆に、組織マネジメントができそうにないなら、管理職にしないという企業姿勢（人事評価）の現れでもある。また一方で、そのような人物に育てないためにもMTPは存在している。つまり、製造業では特に、専門性は当然としながら、組織目標達成のための部下を含めたチームづくり、人間づくりができないことは管理職として認めないことでもある。これがよくいわれている、「モノづくりは、人づくり」に集約されているのである。そして、そのことが、企業風土＝企業文化として、全社をまとめ上げる思想にもなっている。後述の、キヤノン電子酒巻久会長の言葉に滲み出ていることである。

そこで、組織とは何か、について、ここであえて近代経営学の祖のひとりである、チェスター・アーヴィング・バーナードの定義を示せば、下記のとおりである。

　　2人以上の人びとの、意識的に調製された活動または諸力のシステム

すなわち、第一に、同じ目的を達成するために人が2人以上集まるとなれば、もうそれは組織が結成されたということになり、それぞれが目的達成のために役割をもって連絡し合いながら（システム的に）行動するものだ、といえる。つまり、まず「ありき」は、人や組織ではなくて、「目的」なのである。

身近な例を挙げれば、町内の夏祭りであってもよい。夏祭りを開催する、という決めごとによって、実行のための組織を形成し、それぞれの役にあるひとたちは、それぞれの役の目的を確認して行動する、という状態をいくつか同時に複線的、複合的に連絡しあって行動しないと、「夏祭りのありたい姿」が実現しない。そして、当日が無事終了して後片づけも終えれば、その組織も解散となるのである。

第1章 組織とリーダー育成

図1-1 「夏祭り」も実行のための組織が必要

一方で、それが町内会のなかにできた組織であれば、夏祭りというひとつの目標が達成されただけで、町内会の設立目的そのものが達成されたのではないから、町内会はそのまま存続し続けるのである。

このように、「目的」と「目標」の関係は、目的があくまでも主であるのに対して、目標は従であり、道標や一里塚（マイルストーン）的な意味をもっている。いずれにせよ、組織はこのような目的と目標を達成するための手段として存在しているのである。なお、上述の夏祭りという目標達成の実行組織が、そのイベントの終了とともに解散するのは、それがひとつの、「プロジェクト」だからである。

組織は人間という感情をもった動物がつくる一種の集団なので、この集団自体のマネジメント（ここでは「統率」という意味）ができないと、たちまちにして、目的や目標の達成が困難になるのは、誰しもが一度や二度は経験したことがあるだろう。そこで登場するのが、優れたマネジャー（リーダー）であって、その人物のリーダーシップの発揮によって、ようやくにして集団がひとつにまとまり、先にあったはずの目的や目標の達成ができる体制がこれにてはじめて形成されるのである。

このように、目的と目標の達成を掲げて人間集団ができても、「それだけ」では組織が形成されたとはいえず、また、組織図を作って、そこに人をあてはめただけでも、行動する組織にはならない。各々個人が、「どのように振る舞うべきか」を心得ていて、かつ行動してはじめて組織となるが、そのための核になる「リーダー」の存在と、そのリーダーを中心に各々がそれぞれの役割を果たしてこそ、目的と目標の達成に近づくことができるのである。

だから、組織図や役職の肩書きはあっても、ただなんとなく存在するものを「(普通に) 組織」だと思い込んでいる人たちのことを、はた目から、「烏合の衆」と呼ぶのは、先人たちが導いた真理の表現なのである。そんな烏合の衆の状態でもこれを組織だとして、その集団の中にいる構成員たちが勘違いし続ければ、当然ながら業績が芳しくない状態が続いたり、不祥事が起きて社会から糾弾さ

れたりする羽目にもなり得るし、また、同じ業界にあって、業績の違いが生じるのは、だいたい組織化（組織の動かし方の習熟度が高い状態）に成功したかそうでないかの違いの結果なのである。

　昨今、世間で話題になっている各種組織の不祥事、たとえば、有名大学の運動部、伝統ある有名劇団や、あるいはプロ野球のチーム内などでの出来事も、稚拙な組織運営の結果があらわれたものだとして捉えれば、驚きにはあたらないのである。

1.2　組織に人を新しく入れる

　一般に、新卒採用にあたっては、官民揃ってどの組織体も、「優秀な人材」を求めているが、まだ社会を知らない若者を採用するのに、はじめから優秀な人材とはいったいどのような人材のことを指しているのか、と聞きたくなる。いったん採用したら30年から40年もかかる定年までの期間で、「いつまでにどのように育てるのか」の議論が欠如しているのではないかと思われるのである。これを、「一人前の定義の欠如」といいたい。

　加えて、人材育成にかける予算を削減するという昨今の風潮もまた信じがたい愚挙だといえる。さらに、そのような発想をするリーダーらしき人たちに、A. I. 投資には熱心だという傾向があるのである。

　これは、A. I. をパッケージで購入するという意味が主体で、決して自社でA. I. を独自開発する、という意味ではないという特徴があるものだと強調しておきたい。A. I. の開発とは、プログラミングのことである。A. I. 開発のための人材育成（教育投資）にどれほどの資金が投じられているかを考えるだけで、単に外部からそれを購入して導入しようというのと、自主開発を試みるのとでは、育成される人材に天地ほどの格差が広がることに気づくはずだ。

　また、たとえば単純作業の連続だと考えがちな、宿泊業における客室清掃業務を自社直営（内作）から外部委託（外注）することで、時間の経過とともに客室管理における品質管理が自社で困難になる事態が散見される。これも、目先の予算削減のために人材育成がおろそかになるという上で述べたA. I. の事例と同様の事象であるが、後者は明らかに「退化」を意味する。できていたものができなくなるからである。

　そこで考えなければならないのは、なぜ退化したのか、ではなく、元からの業務における目的や目標の設定が曖昧であったことの結果だということなので

第1章　組織とリーダー育成

```
成熟度の高い組織とは
●目的・目標が明確
●リーダーの存在──各人が役割を果たす
           ‖
      「一人前」の定義が明確
```

図1-2　成熟度の高い組織とは

ある。つまり、内作が正しく、外注が間違いとはならないことに注意がいる。その業務の目的や目標に、外注が適していればそれで結構なことだけれども、それならばどうして品質管理が困難になったのか、ということを、論理的に考察しなければならない。

　このとき、どのような方向から考察するのか、についても、組織運営を支える重要なポイントで、組織構成員が納得のいく方法でなければ後味が悪いものとなり、下手をすると組織のタガが外れてしまうきっかけをわざわざ作り出すリスクもある。よかれとしたことが結果悪になる典型だ。

　そこで、MTPでは、「科学的アプローチ」（第4章で詳細解説する）が徹底訓練の対象となっている。これは、科学（主に物理や化学）における実験や仮説検証の手法の最も基礎にあたるものなので、理系人には常識である。

　以上のように、生の人間を育てずとも他社からA. I.を購入すれば自社での本業事業が成長するのだという理屈は、はじめから破綻しているのだ。それを評価せよといわれても無理というものである。また、これを「サステナブル（持続可能）」と自称するのも、宿泊業における客室の品質管理が時間の経過とともに自力でできなくなるのと同様で、どうかしているのだ。さらに、株主がこの破綻に気づかないのも、まったくもって謎なのである。ただし、株主に公開される決算情報にこれらの情報は含まれないので、株主だけに問題があるとはいえない。

　組織に新人を受け入れるというとき、生半可な組織では、新人の評価に話題が集まる傾向がある。逆に、目的や目標がしっかりと根づいているきちんとした組織では、諸先輩たちや上司たちが、いかに新人を鍛えるのか、を中心に、これまでの組織風土から見直す努力をして、全員で進化・成長することを絶えず意識しているのである。これを、組織の成熟度という。

　では、成熟度の高い組織をつくるにはどうしたらよいか。

　以上のような状況を踏まえて、本書では最初に、マネジメント（リーダー）育成のプラクティショナー（実践者）として、ツーリズム業界とは一見も二見も関係ないと思われがちな、2つの組織に焦点をあててみることにする。

1.3 オレンジの悪魔―京都橘高等学校吹奏楽部のマネジメント

京都橘高等学校吹奏楽部の概要

1961年に創立。2023年には、全日本マーチングコンテストにて、3年連続全国金賞受賞。マーチングにダンスを取り入れたオレンジ色の衣装での一糸乱れぬ鮮やかなパフォーマンスにより、「オレンジの悪魔」と称される。

左から顧問の兼城裕先生、部長の中島朱理さん、ドラムメジャーの野口葵さん

あまりにも有名といって差し支えないであろう、京都橘高等学校吹奏楽部に話を聞くことができた。全日本マーチングコンテストで3年連続の金賞を受賞。オレンジ色の衣装で、躍動的かつ一糸乱れぬ演奏・演技をするその姿は、SNSを通じて世界中に広まり、その「悪魔」のように恐ろしく、すばらしいパフォーマンスにより「オレンジの悪魔」と称されるようになった。奇しくも、インタビューは、上述のとおり、1961年の創部以来、初の3年連続全国金賞受賞（「第

図1-3 「オレンジの悪魔」こと京都橘高等学校吹奏楽部のパフォーマンス（台湾招待演奏）
（出所：京都橘高等学校）

第 1 章　組織とリーダー育成

36 回全日本マーチングコンテスト」全日本吹奏楽連盟）の快挙（2023 年 11 月 19 日）があった直後（同月 28 日）であった。三代目顧問の兼城 裕先生、部長の中島朱理さん、ドラムメジャーの野口 葵さん、そして、インタビューには加わらず自主練習に勤しんでいたメンバー全員の皆様には、台湾遠征前の超多忙ななかでのご協力に改めて感謝の意を表したい。

　京都橘高等学校吹奏楽部のホームページ[2]にある、創設者の平松久司先生（1935 〜 2021 年）が掲げられた、「私たちは『元気いっぱい！笑顔いっぱい！夢いっぱい！』」のテーマ（組織目的）にまず驚きを隠せない。それが「リーダーシップの定義と条件」といって差し支えない言葉だからである[3]。いまや推測になるが、1935 年生まれの平松先生は京都市交響楽団での第一トランペット奏者時代にもしや MTP あるいはアメリカ式経営について触れられたのではないのかと思われるほど、そのテーマはドンピシャリであったのである。

　するとこれは、「社会のリーダーを育てる」という高等教育としての教育目的に合致するから、京都橘高等学校吹奏楽部とは、リーダー育成のプロジェクトなのだ、という見方もできるのである。なお、経営用語としての、「プロジェクト」は、必ず期限があるものと定義されるので、高校 3 年間で強制定年（卒業）させられる子供たちにとって、部活動はまごうことなきプロジェクトだといっても間違いではないだろう。

　このとき、勘違いしてはならないのは、部活動内におけるリーダーという位置付けもさることながら、外部社会に与える意味でのリーダーだといえるのは、部活内を超えて、部員全員がすでにリーダーとしての教育を受けているということである。それが、「オレンジの悪魔」の活躍に憧れる全国の子供たち（将来の高校生）だけでなく、社会全体への多大な影響になっていることでも容易に理解できるし、卒業後の実社会での活躍でもわかるのである。

　二代目顧問の田中宏幸先生は、6 年前に 23 年間の実績を残されて引退されたが、その著書『オレンジの悪魔は教えずに育てる』（ダイヤモンド社、2021 年）にあるとおり、やはり相当のマネジメントについての達人である。田中先生は、誤解をおそれずに、「たかが部活」と本書で表現されておられるが、その想いの深さが伝わるのは、「京都橘でしかできない経験をさせる」ことにこだわっていることで理解できる。これが、いわゆる「ブランド戦略」における、「独自性」という最高価値のことだからである。なお、このほかに、「同時代性」、「継続性」、「限定性」といった、併せて 4 つの価値がブランド価値の構成要素とし

て知られている[4]。マーチングに限定して、半世紀以上継続し、時代に合わせて進化しつつも、オリジナリティ（独自性：らしさ）で勝負していることをこれら要素につなげて考えれば、「オレンジの悪魔」というブランドが、偶然ではなく歴代にわたって強固な作り込みがされている組織体だと理解できる。ちなみに、ブランド戦略とは経営戦略そのものと解釈できるので、ここでまた経営学の古典、アルフレッド・D. チャンドラー Jr（1962年）『組織は戦略に従う』[5]の実践例でもあるといえる[*1]。

この意味で、6年前に就任された、三代目顧問の兼城裕先生による進化の成果が、今回の3年連続全国金賞の快挙となったのだから、まったくもってお見事としかいいようがない。

いま3年生の執行部は、1年生から3年間連続金賞という、前例のない体験をしたメンバーとなる。成功を実践している組織運営者の生の声は、想像以上にハイレベルであった。（以下、文中敬称略）

1.4 快挙達成までの道のり―京都橘高等学校吹奏楽部インタビュー

(1) 創部から現代まで

――1961年創部ということですが、当時の事情については何か特別なことがおありでしょうか。

兼城裕先生（以下、兼城）：当時は女子校でした（共学は2000年から）ので、女子に体力をつけるという目標があったと聞いています。ここから、運動部のような厳しいトレーニングの伝統がはじまったようです。それに、創部当時は、女子が楽器を演奏して音楽をするということが、まだまだ大きな抵抗があったと聞いています。確かに外国の世界的オーケストラも近年まで男性団員ばかりで女性はいませんでしたから。

――すると先見性ではなくて、先進だったのですね。
兼城：抵抗を乗り越えるのは、相当の覚悟と熱意だったかと思います。

[*1] 組織目的を明文化した、（企業）理念が組織の最上位概念とされるのは、チャンドラー Jr の功績である。「私たちは『元気いっぱい！笑顔いっぱい！夢いっぱい！』」のテーマ（組織目的）、と記したこともこのことを指している。

第1章　組織とリーダー育成

——今となっては全国に轟く有名校ですが、そうはいってもお年頃の高校生をどうやってけん引されているのでしょうか。

兼城：以前は生徒同士でも学年による厳しい上下関係があったようです。しかし、着任してどうしようかという時期（交代前後で6年間、全国大会に出場していなかった）に、コロナ禍となって、かえってこれをチャンスとして2年かけて部内の体質改善を徹底し、リセットすることができました。コンクールをはじめとした外部での活動が事実上休止状態になって、この時期にあたった生徒には気の毒なのですが、その分、早く改善できました。当初は伝統と違うとして戸惑う生徒も見受けられましたが、いまでは相当にフラットな組織になりました。

——古い体質の企業にもみられる現象ですね。変化に反発するのは部下の人たちであることが多いのは、惰性が楽だからというのが大きな理由です。それで良い方向に変化を遂げると、ずっと前からこうだった、と思い込んだりするものです。また、新人は上司に直接話しかけてはいけない、というのも昔ありましたね。いまではどうやって職場のコミュニケーションをとるのか、という意味で、ナンセンスと一蹴されるかと思います。

兼城：そうですね。フラットな組織といっても、流石に上級生に対等な口の利き方はしませんが、組織運営上で意味のない制約は撤廃しました。それでまた、生徒たちの（組織への）理解、順応が促進され、部の雰囲気も再醸成されたということだったかと言えます。

(2)　教育のための「部活」

——前職の田中先生は、「たかが部活」という言い方で教育の場なのだということを強調されておられましたが、今も変わりはないのでしょうか。

兼城：まさに教育、それも人間としての教育が最も重要です。また学校内の活動ですから特にビジネスの場を意識してはおりませんが、知識、経験、感情など、人間性のすべてが必要とされるのが音楽ですから、人間教育という目的と合致しています。

——ヨーロッパを一番だというのではありませんが、いまでもヨーロッパの大学は、リベラル・アーツ（自由7科：初級が文法、修辞学、論理学の3科、

1.4 快挙達成までの道のり─京都橘高等学校吹奏楽部インタビュー

上級に、数学、天文学、幾何学、そして、音楽の 4 科がある）を重視したエリート教育がされています。

兼城：音楽、特に合奏は 1 人ではできませんし、他人の出す音に注意しながら演奏しないといけません。整然とした音楽ではきちんと整って鳴らさないといけないし、明るい曲では演奏者も楽しくなるように、悲しい曲では哀しさを感じながら演奏します。こうした感情表現は、正しい経験と知識から得られるものなので、音楽が人間教育に最も適しています。それが、生活態度にも影響されますから、常に素直な気持ちでいないといけません。本番だけちゃんとやろうとしても、他人を感動させるような演奏はできません。

── コロナ前ですが、私も妻とパフォーマンスを京セラドームで拝見したことがあります。周辺の客席からすすり泣きが聞こえ、思わずもらい泣きをしました。あのような巨大な会場で、まさかあんなに感動するとは思いませんでしたが、やっぱり普段からの努力が伝わってくるものですね。

兼城：この子たちには、社会人として、家庭人として、将来の生活のうえでの糧となって活躍してくれるように、そうした想いで部活動に携わっています。ですから、部活動での成果はある意味、コンクールに出てその結果だというよりも、もっと先の十年から何十年も先のことかもしれません。その折々に、この部活動をしていて良かった、と思ってもらえたらと考えています。

(3) 不信感を生まない保護者との関係

── 尋常ではない大変な練習量をこなしている生徒さんが凄いのは後ほど伺うとして、大人である保護者の方々との協力関係も部活としては切り離せないかと思います。

図 1-4　2024 年に行われた公演（座奏）の様子
（出所：京都橘高等学校）

21

第1章　組織とリーダー育成

兼城：保護者の不信感を招く最大の原因は、家庭でのコミュニケーション不足です。新入生でこの部に入部するということの意味は、保護者さんたちもわきまえておられますから、その点では心配はないのですが、子供が何も話してくれない、ということが問題になります。年頃なこともあって、親との会話が少なくなることは否めませんが、放置すると部活のことも話さない。ですから、いま、部でどんなことをしているか、何を練習しているかなどを必ず話すように指導しています。なにしろ、大概が朝5時には自宅を出るような部員たちですから、その時間までにお弁当の用意をなさっている。これが休みなく3年間、毎日となります。部員だけでなく、保護者の皆さんの協力に頭が下がります。ですから、素直に感謝の気持ちをもって親御さんに接するように指導しますし、子供たちもよく理解して実践してくれていると思います。わたしからではなく、子供を介してのコミュニケーションは、ご協力をいただくためにも欠かせません。

──まさに情報共有の威力ですね。

兼城：そうした保護者共通の「苦労」もあってか、保護者会もできています。保護者のなかでのコミュニケーションも和気藹々(あいあい)といったようですし、子供の卒業後も保護者たちのお付き合いは長く続いているようです。

──創部以来60年以上ですから、一期生は間もなく80歳近くでしょうけど、卒業生の熱量も衰えていないのでしょうね。

兼城：50周年の記念の会があったときは、数百人が集まりました。まだ三世は聞きませんが、二世代の親子はおりますよ。

⑷　人間性を育むこととは

──教育という点で話が戻りますが、人間性教育についてもう少し詳しく教えてください。

兼城：「素直」「感謝」「謙虚」の3つを常々生徒たちには伝えています。音楽を奏でることがそうであるように、部活動でも最後は人間性がものをいう。吹奏楽は座奏であれマーチングであれ集団演技です。同時に日々の部活動の運営では、各パートから全体までのグループによるものです。なんにせよ、周りが見えていることが不可欠で肝要なことです。それが各自の動きにつながります

1.4　快挙達成までの道のり―京都橘高等学校吹奏楽部インタビューから。

――部内組織がホームページにアップされています。ものすごく合理的で機能的にみえます。部の運営と、マーチング演奏の責任が分かれているのが印象的で、あたかも軍政の国防総省と、作戦担当の参謀本部のようです。
兼城：マーチング自体が元は軍楽隊ですから、はじめからそうなっているのではないでしょうか。

――「素直」「感謝」「謙虚」の３つは、齢を重ねるごとに意味が滲み出てきて味わい深いですが、若い生徒の理解はいかがでしょう。
兼城：たとえば、飲食とか接客業のお店でアルバイトの子が、周りを見て動き、ちゃんと対応している様子を見かけると、「この子は部活経験者だろう」と思わされる場面に出会うことがあります。

――私どももホテル出身なので、よくわかります。また、「素直」「感謝」「謙虚」の３つは、社内でも語られていたポイントです。
兼城：直接仕事に役に立つからという安易なことではないのですが、教科を学ぶことだけでなく、こうしたことに部活をしていることの意義があり、それが大切だと生徒には伝えています。そうしたこともあって、多くの卒業生たちは各方面のリーダーとして活躍していると聞いています。

⑸　現役トップとして
――ここで、部長とDM（ドラムメジャー：マーチングリーダー）のお二人に伺います。まずは、入部の動機は何でしたか。
中島朱理部長（以下、中島）：初めて演奏を観たときに、すごくキラキラしているなって。輝いている姿を観て私も同じように先輩方と一緒に輝きたいなって。元気ですごい笑顔で演奏されていたので、それを見て私も笑顔でお客さんに届けたいなって思ったことがきっかけです。それからオープンキャンパスの際に、直に先輩たちの輝く姿を目の当たりにして、私も絶対にここで輝きたいと思いました。
野口葵DM（以下、野口）：自宅が近所でもあり、中学３年のときに生で演奏を観ることができたことに加えて、中学時代はコロナの影響で吹奏楽をやり切

第1章　組織とリーダー育成

表 1-1　毎年変更される部活内係の役割

役職・係名	役割
部長	部活動を統括し円滑に運営します。リーダーシップが求められます。
副部長	部長の補佐役。係活動の統括もします。縁の下の力持ちです。
ドラムメジャー	マーチングのリーダー。マーチング練習の進行をします。部活動の花形です。
学生指揮者	生徒合奏の際の指揮者。音楽に関わることを統括します。高い音楽性が求められます。
構成係	マーチングの構成、コンテ、振り付けを考え練習を進行します。音楽性と発想力が勝負です。
ポイント係	マーチング練習の際にポイントを打ちます。速さと正確さを追求します。
楽典係	楽典の宿題を作成したり、ソルフェージュに関することを担当します。合唱の伴奏もします。
イベント係	部員同士の交流のための楽しいイベントを企画します。明るく楽しい係です。
行事管理係	本番行事、当日の日程を作成します。本番の日程なので間違えないよう慎重に作ります。
庶務係	毎日の出欠確認をします。大きく明るい声で一人ずつ点呼します。
楽譜係	たくさんある楽譜を管理します。探している楽譜を伝えるとすぐに出てきます。
楽器備品係	部活動所有の楽器や備品を管理します。楽器が大好きです。楽器の調子も教えてくれます。
MC係	本番のMCを担当します。よく通る声と滑舌の良さが命です。
美化係	毎日の掃除を活性化し、部活動の美化を推進します。きれい好きです。
保健係	部員の体調管理を図ります。体調不良者が出るとすかさず救護します。
演奏会広報係	部員のために演奏会の案内をします。音楽通でいろんな情報を持っています。
オーディオ係	合奏や練習の際にオーディオ機器の準備をします。機械に強いです。
タイムキーパー	いろいろな時に時間を計ります。時の番人です。
手紙係	お礼状など手紙を書きます。字がきれいです。心を込めて書いています。
衣装係	ユニフォームの管理をします。洋服をきれいにたためます。
接待係	お客様が来られた時に心のこもったおもてなしをします。
POP係	部活を明るく華やかにするPOPやお知らせを作ります。発想力豊かです。
ホームページ係	ホームページの企画運営をします。IT関連はおまかせです。

1.4 快挙達成までの道のり－京都橘高等学校吹奏楽部インタビュー

れなかったこともあって、ここで吹奏楽をやり切ってみたいと思いました。

──練習の苛酷さはいかがですか。それに勉学もあるから、時間の使い方はどうなっているのでしょう。
中島：毎日が楽しくて、一度も辛いと思ったことはありません。勉強は、通学の電車の中でやっています。

──60年以上ある部の歴史上で、初の3年連続金賞の経験者となられたわけですが、どのように100名以上の部員を統率しているのでしょうか。
中島：執行部は3年生で、部長、副部長（2名）、ドラムメジャー、学生指揮者という5人です。それぞれに悩みは違います。部長からの視点と副部長からの視点は違うので。
野口：マーチング演奏という点では、ドラムメジャーと構成（係）とが相談して決めています。先生にも相談しますが。

──そうすると、それもこれも含めて、部長さんの責任になっている。
中島：そうですね。

──だから、**部長は大変ですよね。**
中島：（笑）恵まれた環境のなかで活動できたこと、良い結果を出せたこと、こうしたことは、すべて周りの方々の支えがあったからこそだと思います。兼城先生からは、人間性の大事さを常にたくさん言い続けて貰っています。今日のようなインタビューもそうですが、いろいろな人のお話を聞いているからこそ、結果が出ているなって思います。誰かひとりだけが人間性があってもやっぱりうまくいかないし、みんなが考えるからこそ、100人の組織でうまく全員が考えているからこそできる。それでやっぱりできるようになっている。そういうところをもっと上げていきたいなってすごく感じました。改めて人間性の大事さを再確認させてもらったように思います。
野口：今日お話を聞いて、高校に入学したときから、社会に出たときに役立つような話を兼城先生がしてくださっていて、実際のビジネスのなかでもこういう高校の部活生活がすごく役立つという話を聞いて、その大事さが自分の中でつながった感じがします。これから入ってくる子たちにも、やっぱり人間性が

25

第1章　組織とリーダー育成

大事、人とのつながりが大事だということを伝えていきたい。もっともっと高いレベルでいけたらいいなと思います。

⑹　吹奏楽部顧問として
──結局は広い教養なんですね。それが人間性の源泉だと生徒お二人から教わりました。すると、先生は音楽の教科もされているので、どれほどのご多忙か見当もつきません。
兼城：多忙に見えるのは私の仕事が遅いからです（笑）。

──これだけの規模の部活を仕切るということは、どういうことでしょう。
兼城：ビジネスと教育、教員あるいは部活顧問とを比べたときに、違うなと思うのは、たとえば、企業の場合、一緒に船に乗り込んだら、社長がキャプテン・船長だということになりますが、部活の場合は、キャプテン・船長、乗組員もやっぱりこの子たちだということです。いつでも僕は地図のようなものだと思っています。それでこの子たちがここにたどり着きたいとなれば、じゃあ、ここをこういう風にいけばここにたどり着けるということを示してあげるということを思っています。それが正確じゃないといけないし、間違った地図になってはいけないし、こっちに行くと本当にワクワクしそうな地図になっていないといけない。それで、こっちに行きたいなと思わせるようなところが楽しいですね。

──本日は感銘いたしました。皆様、本当にありがとうございました。これからの活躍を期待しています。

⑺　インタビューを終えて
　高校生とはいえ、子供が達成していることを多くの大人ができないでいる。これが、このインタビュー直後の率直な感想であった。生徒代表の2人が質問に戸惑ったのも、日常の当たり前過ぎて、大変さがピンとこなかったのかもしれない。あるいは、目的と目標がハッキリしているから、それぞれのメンバーたちが自己統制のリーダーシップを発揮して問題を拡大させずに個々のレベルで収めてしまえるからなのかもしれない。これも、MTPでいう、「成熟した組織」が代々受け継がれているからだろう。それが、奇しくも野口さんの、これ

1.4 快挙達成までの道のり―京都橘高等学校吹奏楽部インタビュー

から入ってくる子たちへ向けたメッセージに現れた。企業では、社長や経営陣の世代交代などで、良い意味でも悪い意味でも会社が揺らいでしまうことが日常茶飯なのを思えば、このこと自体が驚異的なのである。

　卒業後も各方面で活躍しているのは、聞く側にとってはあたかも当然ではあるが、体で覚えたマネジメント力（チームを統率する意味と自己マネジメント）が将来にわたっても発揮されていることに畏敬の念を抱くしかない。こうしたことも、保護者をして安心して部活に任せることができるのだろう。

　筆者も中学時代は生徒会長をやらされ、高校では予算委員長を経験した。この経験が、いまになっても役に立っているのは、組織の動かし方を厳しい「対等関係」という学校内ならではの環境で鍛えられたからだと認識している。「長」が付くからといって、同学年で誰も「偉い」とは思っていないし、指示はできても命令はできないのである。そのくせ、何かの不具合の発生や失敗があれば責任は負わされるのだ。この難しさを思い出しながら質問したら、中島さんは「(笑)」で返してくれた。歴代の、そして将来の部長さんも味わうだろうことが、この「(笑)」に込められていると感じた。

　唐突なインタビューの申し入れに、兼城先生は、「特に取り上げていただくようなものはない」とのことであったが、貴重な時間を割いていただいた。失礼を承知で書けば、予想以上に若くクールな指導者で、その話の内容は、何冊もの名著のエッセンスを奏でるものであった。生徒の２人は、いまどきの女子高生とは思えない素直さで、「育ちの良さ」を体現しているが、そのまた先生の「育ちの良さ」から、有名な健康社会学者のアーロン・アントノフスキー[*2]による、「生きる力＝育ちの良さ」を思い出させてくれた。別の言い方をすれば、「躾（しつけ）」である。こうしたことを統合して昇華したのが、強調された「人間性教育」となるのだという教えは、後述するキヤノン電子の中興の祖、酒巻久会長のインタビューとも共通している。

　組織のマネジメントという視点からすれば、人間性教育なくして組織目的や組織目標の達成は困難となる。すなわち、成功の基盤となるセオリーがここにある。それを、マーチングという分野で、高校生たちが実践して証明しているのであった。

＊2　アーロン・アントノフスキーの「健康生成論」の中心に、SOC（Sense of Coherence＝生きる力）という概念がある。この生きる力をつけるのが、「育ちの良さ」である。

第 1 章　組織とリーダー育成

1.5　MTP の思考で会社を伸ばす名経営者のマネジメント
　　　―キヤノン電子インタビュー

キヤノン電子株式会社の概要

1954 年創業。1999 年、「高収益企業化」ビジョンの明示と意識改革運動開始。
単独従業員数：1,786 名、連結：5,214 名（2023 年 12 月 30 日現在）
2007 年、単体売上で 1,000 億円を突破。2009 年、宇宙事業へ参入を宣言。

酒巻　久（さかまき　ひさし）
1940 年栃木県生まれ。1967 年、キヤノン株式会社に入社。VTR、複写機、ファックス、ワープロ、PC の開発に携わる。1999 年より、キヤノン電子株式会社社長。就任後 6 年で利益率 10％超の高収益企業へと成長させる。2021 年より代表取締役会長。

キヤノン電子株式会社、酒巻久氏

　ツーリズム産業という業界からすると、製造業や宇宙産業と聞けば、顧客リストのなかのひとつとしての位置付けが普通である。または、自社の業務で製品の何かを調達する取引先として、漠然とした認識しかないことも一般的であろう。人を扱うツーリズム産業とは一見遠く思える。しかしながら、たとえ最先端の製造業であっても、そこで働く中心には必ず、「人間：ひと」が存在して、組織を動かしているし、製造マシンもコントロールしているのである。
　つまり、製造業や宇宙産業においても、社内の人間を個人としていかに上手に鍛えるかは重要である。この「点」たる人材育成の重要性は変わらないが、複雑化し、精密化し、さらにソフトウェアも含む各ユニットにおける強固な連携が常態化した現在では、それだけでは、企業間競争にうち勝つことはできない。そこには、人間集団としていかに組織を機能させるのか、という、さらに高度で複雑な問いが常につきまとっているのである。また、ときに優れた経営者は、驚嘆すべき素晴らしい能力を発揮してその問題を解決に導く。
　組織についての典型的にして直接的な誤解が、伝統的に、「ひとは組織の歯車でしかない」という考え方であった。これをビジュアルで表現し、人びとの

1.5 MTPの思考で会社を伸ばす名経営者のマネジメント―キヤノン電子インタビュー

頭への印象づけに成功した決定的なシーンが、チャップリンの名作『モダン・タイムス』(1936年)での、「流れ作業」であった。人間が本当に歯車の中に入ってしまって、自ら部品と同様、制御不可能になったシーンは、まさに人間が非人間である機械によって支配される恐怖のパロディ化であった。

図1-5 キヤノン電子東京本社
(出所:キヤノン電子ホームページ)

しかし、現実は、この映画公開の2年後、チェスター・バーナードの名著、『経営者の役割』(1938年、わが国では国家総動員法が施行された昭和13年)が、まったく異なる視点からの、「働かせ方」について考察し、これが後の、「バーナード革命」を引き起こしたといわれている。しかし、このことはなにもバーナードひとりの発想ではなく、「ホーソン実験」(1924～1932年)による成果の影響も考慮しないといけないのである。それは、実験を通じて得た、「働く人も感情をもった人間である」ことの発見であり、それまでの常識だった、合理的な行動様式を前提とした、「経済人」の否定でもあった。つまり、バーナードがいう新しい「働かせ方」とは、チャップリンが皮肉った人間疎外のやり方ではなく、「気分良く働いてもらう」ための経営者の役割は何か、ということへの大転換という意味で、「革命」であったのである。

そして、この革命がわが国に移植されたのは、まさに戦後の、GHQによる、「マッカーサー指令」をもってしての、製造業へのMTP普及であった。

このたび、MTPを含めた幅広い知見をもって、キヤノンの中にあって問題子会社だった、キヤノン電子を、世界に冠たる一流企業へと変貌させた当代一流の名経営者、酒巻久氏にその基本となる考え方を伺った。読者には、業界の壁を越えて参考になれば幸いである。(以下、文中敬称略)

第1章　組織とリーダー育成

(1)　お客様商売の業界に壁はない

――実はツーリズム産業（ここでは、宿泊、旅行、航空運輸業界を指す）ではMTPの認知があやふやなのですが、まずはどんな風にこうした業界をご覧になりますか。

酒巻久会長（以下、酒巻）：私どもも、「お客様商売」なんですよ。それが一般消費者を相手にしたものづくりなのか、部品といった企業間でのものづくりなのかさえ関係なく、当社の製品やサービスを購入いただく相手は、全部が、「お客様」ですから。それに、いま申し上げたように、「サービス」も販売しています。お客様の要望を承ることなくして、製品化はできませんし、信用もいただけませんから。

――なるほど。

酒巻：そちらの産業の方々が、私たちをどう思っておられるのかは、私たちはよくわかりません。けれども、「お客様商売」だという点で、何か違いがあるのかと問われたら、同じじゃないでしょうか。私たちもよく出張をして、電車や飛行機にも乗りますし、宿泊もします。その際に、何かトラブルが起きたら、それは、私たちの言葉でいえば、「不良の発生」となります。私たちは不良が1個でも出たらダメなんです。そんな風にみています。

――たとえば、客室の清掃ミスもそうですね。

酒巻：どれほどの率でそういったことが起きていて、それを改善したらどこまで効果があったのかを調べるのは、私たちのなかでは死活問題になります。いまの製造業では、マシンが一瞬で大量に作るのは常識ですから、その一瞬にミスがあると、とんでもない数の不良となってそれだけでも大損になりますし、それでお客様に約束した納期が守れないとなったら、大変なことになります。信用を失って下手をしたら倒産です。

――製造業だと、シックス・シグマ（統計でいう「標準偏差」6個分という比喩）でいえば、単位は「ppm：parts per million（百万分率）」ですね。

酒巻：そのとおりです。よく100万個に4個（4ppm）まで、つまり、25万個に1個の不良までが許容範囲だと業界ではいわれていました。

1.5 MTPの思考で会社を伸ばす名経営者のマネジメント―キヤノン電子インタビュー

――パーセント（％）では厳しい。

酒巻：不良率を考えるとき、その単位はないですね。「ppm」です。ですから、いかに不良を出さないかが、製造業では絶対的に重要な事項です。それもこれも、「お客様商売」だからです。

――業界に壁がないというご指摘は新鮮です。

酒巻：サービス業でも、お客様の要望にどう応えるかで、受注できるかどうかはあるはずですよね。お客様というものは、わがままをいいますし、時には、無謀な要求もあるものです。ただ安くしろというだけは困りますが、技術力を試される要望には受けて立たないと他社に仕事を横取りされることもあります。なので、お客様の要望は、出来る、出来ないだけでは放置できません。

――それもツーリズム産業でよくある話と似ています。

酒巻：皆さんもいろいろな工夫をされるでしょう。どうしたらそのご要望に応えられるかは。もしも当社で応えられないとなったら、いまはすぐに別会社に取引をとられてしまうかもしれない。それで、そちらの会社で問題なかったとなったら、全部の取引がなくなるかもしれません。ですから、判断するときには緊張します。

(2) スティーブ・ジョブズ氏との思い出

――そうしたなかで、やはり組織力が問われる。

酒巻：当然です。ひとりの天才だけではうまくいかない。私は、アップル社を追われたスティーブ・ジョブズと一緒に仕事をしたことがあります。彼は、ただの天才ではなくて、他人の意見から自分の主張を修正できる、その意味でも普通の天才ではなかった。しかし、彼の目線は、常にヘビーユーザーとしての自分の使い勝手にこだわる、という点でブレはなかったですね。アップルに戻って大活躍しましたが、あまりに早逝だったのが惜しまれます。

――あくまでもユーザー目線だと。

酒巻：細部までこだわるので、実現が難しい。しかし、それを解決する方法を考えついたときに、圧倒的な製品となる。しかも、彼の頭にあるのは、製品を使うことでの利便性でしたから、その機械に組み込むソフトウェアだけでなく、

第1章 組織とリーダー育成

たとえば購入した楽曲をダウンロードするというサービスにも至った。ものづくりの範囲を超えています。

──それはまた、組織でないとできないということですね。
酒巻：そのとおりです。ものすごく広い範囲の、「プロジェクト」ですから。私は、キヤノン時代に600本以上の特許を書きましたが、スティーブ・ジョブズがやったのは、製品作りを超えた、著作権との闘いですよ。

(3) 組織はすぐには完成しない
──リーダーが重要ですが、どうやって育成するのかが絶対のテーマですね。
酒巻：入社した直後から育成が必要です。新入社員は、将来の幹部やトップですから。

──入社した直後からとは、随分気が早いという印象を受けます。
酒巻：いえ、人間は若いうちに鍛えないと、悪い習慣が身に付いてしまうものです。そうなると、たとえば、幹部になった後から取り除こうとしてももう後の祭りで困難です。

──ご著書『リーダーにとって大切なことは、すべて課長時代に学べる』は、私も厳しい課長を自負していたので、我が意を得たりの連続でした。
酒巻：課長になってから、課長を育成しましょう、では決定的に遅い。新入社員のときから、課長になるための育成をしないといけません。なってから育成では、課長が組織を壊してしまいます。その責任は、それまで育成してこなかった上司達のまさに組織的に重大な過失です。

図1-6 キヤノン電子新人研修
（出所：キヤノン電子ホームページ）

1.5 MTPの思考で会社を伸ばす名経営者のマネジメント―キヤノン電子インタビュー

――このご著書は、「MTPの解説」に読めました。私が初めてMTPに参加したとき、本物の新任管理職の皆さんに質問したのは「どんな勉強をしてきたのか」でした。講師の問いにバシバシ答える姿に驚いたからですが、本人たちは、入社以来の先輩・上司がいっていた社内用語の確認をしているだけだというので、さらに驚きました。

酒巻：そうでしょう。それが職場の環境づくりというものです。組織は、構成する人間と同じで、徐々に成熟しますから、一朝一夕にしてできるものではありません。それには、当然、組織運営のためのセオリーやノウハウがあり、MTPはこれを集約していますね。キヤノン電子は今でも管理職になる前にMTPを受講させますが、本人にとっては新入社員のときから職場のなかでMTPの空気を吸っているわけですね。

⑷ 酒巻というリーダーはどうやってできたのか

――拙著『「おもてなし」依存が会社をダメにする』は、恥ずかしながらMTPを知らないときに執筆したものですが、健康医学や心理学の分野で有名な、「SOC：Sense of Coherence（生きる力）」についても書きました。「生きる力」を高めるには、育ちが重要だといわれています。酒巻会長の「生きる力」は、ご家庭における育ちなのか、キヤノンという会社が育てたものなのか、どちらに重心があるのでしょう。

酒巻：まず、母が厳しい人でした。小学校から高等学校まで、教科書を家に持ち帰ったのが見つかると叱られました。

――普通と逆ですね。

酒巻：教科書を用いる学校の授業なんて簡単なことしかやらないから、そんなものは授業中だけで覚えなさい、と。家で少年マンガ雑誌を見ていてもニコニコして何もいわないのが、教科書だとダメなんです。

図1-7　キヤノン電子新人の環境教育研修
（出所：キヤノン電子）

33

第1章　組織とリーダー育成

――それで、ご著書にある、会議資料は事前に読み込んで、会議の場には一切持ち込むな、ということにつながるのですか。

酒巻：そのとおりです。いまだに私はメモすら取りません。全部記憶します。母には集中力を鍛えられました。ただ、大学受験の勉強だからと教科書を家で見ようとしたら、今度は、そんなことはどうでもいいから、広島の被爆地を見に行けっていうのです。滞在費が足りなくなったら送金するとまでいわれて、出かけたら、すっかり反米青年になりました。大学卒の就職先では、有名なアメリカの事務機企業も内定がありましたけど、勤務地がアメリカだというので、キヤノンに入社しました。

――キヤノンでは何があったのでしょう。

酒巻：それはもう、凄い人たちばかりでした。私は技術者なので、圧倒されました。そのようななかで、研究主任（管理職）に、20代でなってしまい、職場の運営をすることになったのがはじまりです。ただ、キヤノンには、「三自の精神（自覚、自発、自治）」があって、自分の立場や役割を自覚し、何事も自ら進んで行い、自分のことは自分で管理するように鍛えられるのです。

――そのままMTPの精神ですね。すると、やはり「酒巻久」をつくったのは、ご家庭での「育ち」と、会社のなかでの「育ち」両方だったのですね。

⑸　MTPは日程途中での中止命令で
――MTPとの出会いはどんなだったのでしょうか。

酒巻：自分からMTPを受講したいと思って申込みをしました。すると、3日目でしたか、山路（敬三）さん（1989年にキヤノン社長）から帰社しろと連絡があって、途中で終わってしまいました。そんなもの、お前なら受けなくともわかっているはずだ、と。

――社長になられる幹部がMTPの内容を知っているという証拠でもあるエピソードですね。だから、「わかっているはずだ」と、優先順位付けで帰社命令をしたといえますね。

酒巻：そうだったと思います。私は開発の責任者でしたから。それでも、修了しなかったのは、いまだに残念です。MTPは勉強になりましたから。

1.5　MTPの思考で会社を伸ばす名経営者のマネジメント─キヤノン電子インタビュー

──企業の研修が、研修担当者の判断に丸投げされている傾向をどのようにご覧になっていますか。

酒巻：丸投げしているということはどうなんでしょう。他社さんのことは存じません。企業トップが、「人材＝人財」と発言する意味は、いまどき個人プレー推奨のはずはないので、やはり、組織を強くするという意味での「人材＝人財」でないと意味が通りませんね。なにしろ、課長は扇の要です。経営方針を実務で実行する責任者ですし、職場のメンバーの能力を引き出すのも課長次第ですから。管理職の力量、成長は部下も感じるものです。結局は、人間改革なんです。そのために、当社では高収益企業として著名な会社を訪問し、その秘訣を考えたり、老舗企業の改善事例から参考になるものを見つけ出したりといった、学びの機会を用意しています。他社他業種に学ぶことは大切です。

──管理職としての哲学ですね。

酒巻：管理職にとって一番大事なのは、どれだけ部下に緊張感を与えられるか。もうひとつ大事なことは、小さくてもいいから部下に達成感を与えることです。

⑹　「夢」の提供が若者から選ばれる会社になる

──コロナ禍で、ツーリズム産業の脆弱性が広く社会に認識され、産業として学生の就職先に選ばれることが喫緊のテーマになっています。

酒巻：確かに、コロナ禍は酷かったですね。皆さんも大変だったことと思います。しかし、製造業も酷かったです。学生から選ばれる、という発想は重要ですね。企業が学生を選んでいると考えるのは、もう古いですね。昔話になりますが、私の先輩でキヤノンの会長になった人は、入社面接で5項目の質問をして、面接官が答えられたら入社してやるといって入社した逸話がある人物でした。そのぐらい凄かった。それは、生意気な奴ではあるけれど、ちゃんと実力の裏づけがありましたから文句はいえません。

──最近の若者はしっかりしていて、企業研究にも熱心です。以前と比べ、企業情報もネットで簡単に入手できますし、転職サイトをみれば、会社を途中退社した人たちによる内部の様子などの書き込みもありますから、生々しい情報も知っています。また、なんとしても正社員になりたい、ということから、熾烈な競争になっているようです。

第1章　組織とリーダー育成

酒巻：自慢ではありませんが、どうしてこんな優秀な人が、わが社のような地味な会社を希望してくるのかという疑問が起きることもあります。学生たちのリサーチ力が上がっているのは確かでしょう。そうなると、やはり、夢の提供ではないかと思います。私は15年ぐらい宇宙関係をやっていましたが、会社として「宇宙！」といってから、だいぶ時間がたって、ようやく最近はJAXA（宇宙航空研究開発機構）さんからも相手にされるようになりました。ここまで何年かかったことかを想うと、他の事業で支えることができたことも大きいです。

――ツーリズム産業は、コロナ禍で多数が淘汰されてしまいました。いまある会社は、生き残った会社ということになります。

酒巻：私は研究職でしたが、人事がしっかりしないと企業は弱る、とずっと言い続けてきました。30年か40年前には誰にも相手にされなかった。でも、人事が社員のことをよく知っているのだから、人事が大切です。そこで、一貫性をもって社員を育成しないと、業界は関係なく、企業は衰退してしまいますね。日本企業は、今からでもMTPをちゃんとやらないとダメなんじゃないですかね。

――本日は、お忙しいなか、本当に貴重なお話をありがとうございました。

(7) インタビューを終えて

　まずは突然のインタビュー依頼にもかかわらず、2時間もの長時間をくださった、酒巻会長はじめキヤノン電子様に厚くお礼を申し上げる。
　インタビュー冒頭の「私どもも『お客様商売』なんですよ」は、聴き手の筆者にだけではなく、広く本書読者を想定しての言葉だったと思われる。そして、産業が違うからといって身構える必要はないと、やんわりと諭してくださったのだと感じた。それがまた、ツーリズム産業では用語として汎用的ではない、「不良の発生」とは、「クレーム発生のこと」なのだ、という説明にもつながっている。酒巻氏がこちらの理解を助ける解説をくださったのは、インタビューでも例を挙げたように、著書が多数ある作家でもあるからだろう。しかし、その気配りは、当然に、一流の経営者だからこそでもある。
　ここで注意したいのは、氏が経営者になる以前は、研究職とはいえ筆者たちと同じサラリーマンだったということである。そこで質問したのは、こういう

人物を育てたのはどのような要因があるのか、ということだった。答えは、やはり家庭教育にあった。しかし、社会人となれば、新人のうちは企業風土もあたかも「羊水」のような育成容器なのだと思わされる。ただし、居心地がいい「ゆりかご」ではなく、厳しく鍛える場であるとの指摘は、奥深いものがあった。我慢できないいまどきの新人は退社してしまうのではないか、という懸念に、意を介する気が毛頭ない様子だったのは、レベルの高い大人がしっかり指導するなら、自然とついてくるものだ、という自信を暗に示されたのだろう。どんな企業にとっても、人の何を育てているのかといえば、リーダーにつきるという信念があふれてみえてくる。

　企業という組織は、人間だけによって構成されるし、特に日本企業の特徴である、社内昇格という方式の下では、入社した瞬間から将来のリーダーを内部育成することが、企業自体の存続を決定づける最大の仕事なのだ、という指摘には納得するばかりである。それゆえ、課長職は扇の要という指摘には重いものがある。さらに、この意味を意識した人事の重要性は、ツーリズム産業に従事するならなおさらだろう。そのための道具立てが、産業の壁を越えているMTPであるから、是非、読者にも体験していただきたい。

1.6　2つの組織の共通性

　「指導者は地図のようなもの」を自認する高校の吹奏楽部顧問が率いるのは、世界に名を轟かせている高校生たちがつくりあげている「組織」である一方で、わが国を代表する製造業のひとつを率いてきたリーダーの言葉を、あえて並べることで読者諸氏に確認をいただきたいのは、まさにマネジメントができるリーダーの育ち方であり、育て方なのである。

　もちろん、先に生まれたものが、「先生」として、意識的に後人を「育てる」ことをしなければならないので、勝手に育つ、というものでもない。それは、たとえ植物であっても同じなのである。環境が整っていたら、植物なら今度はジャングルを形成してしまう。あるいは、耕作放棄地の荒れ地を、「これが自然だ」といって有り難がる者がいないように、人間は秩序だったものに美を感じるのである。そのひとつの究極が、日本庭園という人工物なのだろう。

　人間が集まった集団も、目的や目標によって秩序を形成するが、それには絶対にリーダーが必要だ。このとき、まとめ役だけがリーダーだと思われがちなのだが、実は、構成員のそれぞれにも、自己制御のためのリーダーシップがな

第 1 章　組織とリーダー育成

ければならない。しかも、人事異動で、リーダー役は変化するものだし、高校生はたった 3 年で「強制定年」するほどのスピードで新陳代謝してしまうのである。だから、たとえいま、まとめ役に就いていなくとも、いつ指名されてもすぐさままとめ役が務まるような、自己鍛錬を自己マネジメントによって行えるようにすることが、組織としての「育成」となるのである。おそらく高校生たちも、さまざまな仮想・空想を個々人がもっていて、その、仮に想定される問題をも事前の解決課題としてシミュレートし、練習に活かしているに違いない。これは、一流企業に育て上げた社長・会長の言葉にも端的に表れている。入社した瞬間から、将来の幹部となることを前提に育てる、とは、まさにこのことなのである。

　こうしてみると、このふたつの組織には、驚くほどの共通性がある。逆に、こうした共通がみられない組織であるなら、すぐさま手を打たないと間に合わなくなる、ともいえる。一刻でも早く、幹部から MTP の受講をお薦めするのは、できている組織が絶えることなく MTP を、社員育成のために利用しているからである。

【参考文献】
1) 島川崇・神田達哉・青木昌城・永井恵一（2020）『ケースで読み解く　デジタル変革時代のツーリズム』ミネルヴァ書房
2) 京都橘高等学校吹奏楽部ホームページ
https://kyoto-tachibana-shsband.jp/ （2023 年 12 月 8 日閲覧）
3) 伊藤冨士雄（1981）『TWI と MTP と共に』東京経営管理協会、pp.14-18
4) 青木昌城（2015）『「おもてなし」依存が会社をダメにする』文眞堂、pp.175-180、pp.165-171
5) アルフレッド・D. チャンドラー Jr（1962）『組織は戦略に従う』　邦訳は、(2004) ダイヤモンド社。なお、原題「Strategy and Structure」の直訳、(1967)『経営戦略と組織』実業之日本社が最初の邦訳。

第 2 章　人材育成―リベラル・アーツとしての MTP―

2.1　STEM 教育、STEAM 教育

　現在、世界各国は国際競争力を高めるために科学技術開発にしのぎを削っている。科学技術に携わる人材が世界的に不足しているなかで注目されてきているのが STEM 教育である。STEM とは、Science（科学）、Technology（技術）、Engineering（工学）、Mathematics（数学）の頭文字を取ったものである。これまでの理系分野は、自分の専門分野を深く学ぶことでその道のスペシャリストになることを目指す人材の育成をしてきた。それに対し、STEM 教育とは、科学、技術、工学、数学の分野を統合的に学び、将来、科学技術の発展に総合的に寄与できる人材を育てることを目的とした教育プランのことをいう。この概念は、アメリカ合衆国のオバマ元大統領が 2009 年に提唱したことがきっかけで、一般的に知られるようになった。

　ここ数年、ChatGPT 等の生成 A. I. の技術の発展は目覚ましく、より高度な理系人材の必要性が主張されている。世界の ICT 業界では、このような高度な理系人材の獲得競争が熾烈になっており、その育成に関して、わが国でも初等教育から高等教育に至るまで、大きな期待が寄せられている。

　ただ、理系人材の育成が政策課題として提示されるのは、いまに始まった話ではない。わが国では、第二次世界大戦終戦までは複線型学校制度が導入されていた。複線型学校制度とは主にヨーロッパ諸国で発展し定着してきた制度であり、小学校を卒業した段階から異なる修業年限、学校種が併存している学校制度である。戦前の日本では、小学校卒業後は、個々の生活環境や将来への志望によって中学校、高等女学校、高等小学校、実業学校等多様な進路があった。

　これが、戦後 GHQ からの指令により 6・3・3・4 年制の単線型学校制度に変化していくなかで、旧制中学校と実業学校は新制高等学校へ、旧制高等学校、旧制専門学校、師範学校は、新制大学または短期大学になる道を選択した。このことによって、学校制度は小学校、中学校、高等学校、大学と、極めてシンプルな体系となった。

　その後、1952 年に GHQ による占領政策が終わりを告げることとなったが、当時の吉田茂首相は、占領政策終了を見越して、1951 年 5 月に私的な諮問機

第2章 人材育成―リベラル・アーツとしてのMTP―

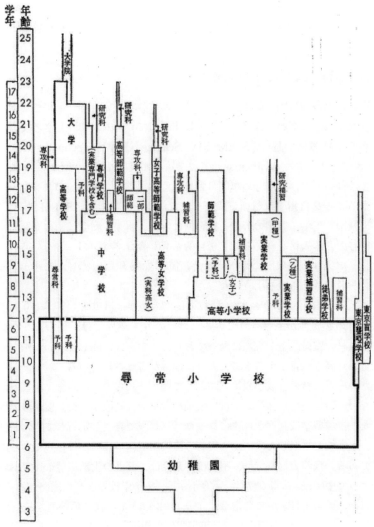

図2-1 戦前における学校系統図（1919年）
（出所：文部科学省「学制百年史」[1]）

関として「政令改正諮問委員会」を設置した。この委員会は占領政策の見直しをすることが目的であり、審議事項の最重点項目に取り上げたのが新しい教育制度の問題であった。ここでは、「わが国の国力と国情に合し、真に教育効果

2.1　STEM教育、STEAM教育

をあげることができるような合理的な教育制度に改善する必要がある」（天野、2016）[2]と述べられ、行き過ぎた単線型教育制度に対して、日本型の系統を構想することが示された。たとえば、暫定的な措置として設置された短期大学を恒久化すること、短期大学と高等学校の課程を包含する新しい学校組織としての「専科大学」を認めることが構想された。

　ちょうど、朝鮮戦争特需から神武景気、岩戸景気と、この1950年代中盤からわが国は年10%以上もの経済成長を遂げるようになり、ここでも理系人材の不足が問題化されたことで、吉田茂の構想した専科大学は、高等専門学校として1962年に設立されることに結実した[2]。

　このSTEM教育の振興に関して、STEMだけでは結局理系的思考に偏り、収束思考[*1]でソリューションを考えがちになるため、STEMに、Arts（芸術）の要素を加え、拡散思考で創造的な発想を求めていくために、STEAM教育という概念も提唱され始めている。文部科学省も、2021年の「『令和の日本型学校教育』の構築を目指して 〜全ての子供たちの可能性を引き出す、個別最適な学びと、協働的な学びの実現〜（答申）」（中央教育審議会答申）[3]において、以下のように述べている。

　「STEAM教育については、国際的に見ても、各国で定義がさまざまであり、STEM（Science、Technology、Engineering、Mathematics）に加わったAの範囲をデザインや感性などと狭く捉えるものや、芸術、文化、生活、経済、法律、政治、倫理等を含めた広い範囲で定義するものもある。（中略）このためSTEAMの各分野が複雑に関係する現代社会に生きる市民として必要となる資質・能力の育成を志向するSTEAM教育の側面に着目し、STEAMのAの範囲を芸術、文化のみならず、生活、経済、法律、政治、倫理等を含めた広い範囲（Liberal Arts）で定義し、推進することが重要である」[3]。

　すなわち、文部科学省は、STEAM教育のAは、デザイン、感性といった単なる芸術分野ではなく、広範なLiberal Artsを指すと明確に述べている。

　文部科学省がこのような定義をしたのは、それまでの経緯がある。2014年

＊1　収束思考は、1956年に心理学者のJ. P. ギルフォードによって提唱されたものであり、ある問題に対し、ひとつの明確に定義されたソリューションを見いだすことに集中する思考法である。これは論理が必要となるタスクに用いるのが最適である。一方で、収束思考と対極にある概念が拡散思考であり、これは創造性を必要とする。拡散思考は複数のアイデアを考え出し、ひとつの問題に対して複数のソリューションを生み出す。

に文部科学省は、人文・社会科学系や教員養成系の学部について「組織の廃止や社会的要請の高い分野への転換」を促す内容の通達を出した。これは、文部科学省の有識者会議において、経営共創基盤の冨山和彦 CEO が、日本の大学を G 型（グローバル）と L 型（ローカル）に分け、国際競争で生き残れる大学以外は地域特化型の職業訓練校にすべきだと提言したことによる。これらの政策が物議をかもし、全国の文系大学教員から、自分たちの分野（もっと極端にいえば、自分たちの食い扶持）を守るために、リベラル・アーツがにわかに注目を集めたのである。すなわち、文系科目の生き残りのために、リベラル・アーツの概念が利用されたといっても過言ではない。

文部科学省が 2021 年にリベラル・アーツとして定義したのは、芸術、文化、生活、経済、法律、政治、倫理等であるが、これだけでは、リベラル・アーツの本質を理解しているとはいいがたい。リベラル・アーツが、単に Arts の部分に着目して芸術思考、デザイン思考を取り入れた教育とみなされたり、安直に文系科目や教養科目の生き残りのためのレトリックになってしまったりしていることで、リベラル・アーツが誤解されて伝わっている。ここで、リベラル・アーツを歴史的系譜からたどることで、その本質を理解し、その本質が、まったく対極な存在としてみなされている MTP 等の職業教育にも生きているということを明らかにしたい。

2.2 学習社会の実現

リベラル・アーツと MTP の関係性を紐解く前に、まず、学習社会という概念の整理をしておく必要がある。

学習社会とは、ロバート・ハッチンス（1968 〜 1979）が提唱した「すべての成人男女に、いつでも定時制の成人教育を提供するだけでなく、学習・達成・人間的になることを目的とし、あらゆる制度がその目的の実現を志向するように価値の転換に成功した社会」のことを指す[4]。ハッチンスはもともと法律学者であったが、1930 年にシカゴ大学の総長に就任して以来、15 年間にわたる在任期間中に率先して大学改革に取り組み、アメリカの教育界に大きな波紋を投げかけた人物である。彼は、アメリカの機械的技術文明とそこから生じた職業教育を誤りとして批判した。その思想的基盤は、ギリシャ以来現代に至るヨーロッパ伝統の偉大な思想家たちの Great Books（大著述）[*2]のなかに見いだしていた。ハッチンスは、「これまでは働くことが人生の目的であったため、教

育や学習は、働くことのための準備だと考えられてきた」と述べている。それに対して、佐々木（2007）[5]が「裏を返せば、教育や学習が『働くこと』に縛られないでよいことを、もしくは"Not in training"（職業訓練を受けていない）のままの教育・学習を、彼が歓迎していることの表れである」と解釈したのは妥当である。近代から現代に移り行くなかで、機械化等のさらなる発展により人間が労働から解放され、教育や学習それ自体に専念できる状況が生まれつつあることで、真正の学習社会が実現に向かっていると考えられていた。

時代はさらに進み、不確実性の時代といわれる教科書的正解が誰にもわからない現代社会において、地球規模での解決が必要な諸問題が続発するなかで、市民各々がこれらの問題を自らのものとして捉え、主体的にかかわっていく力を身に付けることこそ、民主主義社会のあるべき姿であり、その判断能力を身に着けることができるよう、すべての市民が生涯にわたって学び、確固とした人間観や世界観をもつことが期待されている。そのような社会こそ、学習社会と呼ぶにふさわしいものである。

学習が少年期、青年期に限られたものではなく、生涯にわたって学んでいくという姿勢を市民がもてば、学んだ成果を生かして社会を改善するために関わっていきたいという意識も生まれていく。そのような想いをもった人びとが集まり、相互に支え合っていく社会こそ、学習社会が目指す姿である。

2.3　学習社会とリベラル・アーツの連関

学習社会を実現させるにあたって、ハッチンスは、学習の目的を労働から切り離すということを主張した。確かに現在の学校での学習は、突き詰めて考えていくとすべて労働に結びつく。理系に進む学生たちは大学で学ぶ内容が将来

＊2　グレート・ブックス（Great Books）は、ブリタニカ国際大百科事典の編集委員長だったモーティマー・アドラーによって選ばれた西洋の名著の撰集である。以下のような作品が挙げられている。ソクラテスの弁明（ソクラテス）、国家（プラトン）、ニコマコス倫理学（アリストテレス）、旧約聖書（モーセ）、新約聖書（イエス・キリスト）、告白（アウグスティヌス）、コーラン（マホメット）、君主論（マキャベリ）、キリスト者の自由（ルター）、エセー（モンテーニュ）、ノヴム・オルガヌム（フランシス・ベーコン）、リヴァイアサン（ホッブズ）、方法序説（デカルト）、パンセ（ブレーズ・パスカル）、エチカ（スピノザ）、統治二論（ロック）、法の精神（モンテスキュー）、社会契約論・エミール（ルソー）、国富論（アダム・スミス）、純粋理性批判（カント）、精神現象学・法の哲学（ヘーゲル）、道徳および立法の諸原理序説・功利主義論（ベンサム ミル）、種の起源（ダーウィン）、不安の概念・死に至る病（キルケゴール）、資本論（マルクス）、ツァラトゥストラ（ニーチェ）、精神分析入門（ジークムント・フロイト）、国家と革命・帝国主義論（レーニン）、存在と時間（マルティン・ハイデッガー）。

のキャリアに直接的に結びついている場合が多い。一方で、文系で学ぶ学生たちは、一見大学での専攻がキャリアとは結びついていない場合も多く[*3]、自分の関心分野を学んでいるようにみえる。しかし彼らは、大学受験に至るまで、受験産業が公表する偏差値に一喜一憂し、できるだけ偏差値の高い大学を目指すように受験勉強をしてきたわけであり、それは偏差値の高い大学に行ったほうが将来のキャリア選択で有利に働くという実体のない確信に突き動かされている結果である。いい大学に入るためには、いい高校、またはもっと効率的にいい大学に行くために中高一貫校や大学付属の学校を受験するといった学習行動は、突き詰めればすべて将来のキャリア形成のためである。学習の目的はすべて上質の労働環境に身を置くための準備となっている。その意味では、「労働から人間を切り離し、真の自由を獲得する」というハッチンスの目指す学習社会とは程遠い。

　人間の真の自由を実現するための教育を語る際、間違いなくリベラル・アーツにその起源を見いだすことができる。リベラル・アーツは、17世紀にハーバード大学にて提案された。その定義は、マーケティングと同じように人によってさまざまで、どれが正しい定義とは言い切れない。また2.1で述べたように、最近のわが国の文系大学教員の生き残りのためにリベラル・アーツの概念が利用されている現状からも、多くの文献でその語義に誤解がみられる。研究社『英和中辞典』によれば、「(近代以降の大学の) 一般教育科目《専門科目に対して一般的知識を与え、広く知的能力を発展させる目的の語学・自然科学・哲学・歴史・芸術・社会科学などを指す》」という解説とともに、「自由7科、教養7学科《中世における教育の主要な学科で、文法・論理・修辞の3科 (trivium) と算術・幾何・音楽・天文学の4科 (quadrivium) の総称》」とされている。ここからも、リベラル・アーツの本質を捉えることは難しい。

　自由7科とは、マルティアヌス・ミンネウス・フェリクス・カペッラが3世紀に体系化したものである。この自由7科は、上述のように、基礎的な学芸として重視される「文法学」「論理学」「修辞学」の3科 (または3学) と、「算術」「幾何学」「音楽」「天文学」の4科の総称である。音楽と天文学は、調和とい

[*3] キャリタス (ディスコ) の調査 (2022)[6]によれば、就職先の業種・職種と大学時の専攻との関連性をみると、「関連性がある」とした人の割合は、文系大学生は17.0%であるのに対して、理系学生は47.8%、「関連性がない」とした人の割合は、文系大学生は32.8%であるのに対し、理系学生は9.3%となっている。

2.3 学習社会とリベラル・アーツの連関

図2-3 自由7科

う観点から取り上げられている。この意味において、4科はすべて理系であり、このことからも、リベラル・アーツが文系大学教員の生き残りの文脈で使われるのはまさにお門違いで、文理のバランスこそが重要なのである。

また、現代の世界で音楽を取り入れようとする音楽関係者が、この自由7科に音楽が含まれていることを根拠に音楽による情操教育の重要性を説くことがあるが、ここでいう音楽は、そのような人間の感情表現を表出するための手段としては扱われていない。物理学としての音楽であり、まさに理系的な扱いである。

日本でのリベラル・アーツ教育のメッカともいえるのが国際基督教大学（ICU）である。ICUは、リベラル・アーツとは何かということを紹介するときに、「一瞬とはどのような長さをいうか」という問いへの答えという形で表現している[7]。

まず、文学の見地から、中国の故事「邯鄲（かんたん）の枕」をもとに作られた能『邯鄲』が、夢の中と現実世界との時間の流れの違いにかかわる作品で、古代ギリシャ叙事詩『オデュッセイア』からも、精神が時間や空間を超越するものであるということから、ある特別な瞬間がイマジネーションの飛翔を引き起こす場合は、はるかな精神の旅を包含するということを紹介している。また、自然科学の見地から、微積分の考え方を紹介し、「瞬間」あるいは「瞬間における変化」を表す手段を駆使してあらゆる自然現象の解明に乗り出したことを紹介している。さらに、社

図2-2 わが国におけるリベラル・アーツのメッカである国際基督教大学
（出所：筆者撮影）

会科学の分野から、1997年に起きたアジア通貨危機の際、タイ中央銀行とヘッジファンドの攻防でタイの外貨準備が枯渇し、一瞬にしてアジア全体に派生したことを例に、この影響をまともに受けたアジアの人びとにとっては、この一瞬の出来事が引き金となって長く困難な時間が続くようになったことを紹介している。このように、リベラル・アーツの守備範囲としては、単に幅広い分野というよりも、人文学、社会科学、自然科学をバランスよく網羅していることが核心となっている。

2.4　リベラル・アーツの歴史的成り立ち

リベラル・アーツの起源をたどると、これはピタゴラスからつながる古代ギリシャの自由人の知にまで遡ることになる。自由人の知は知を愛し求める者たちの営みであったが、その具体的な課程は文芸、体育、修辞、弁証などを加えながら、ヘレニズム期に「エンキュクリオス・パイデイア」(enkyklios paideia) と称される全人教育的な学環として広まった。エンキュクリオス・パイデイアは、哲学だけでなく、医術、建築、法律、絵画、軍事技術などの専門技術の教育も含まれていた (大口、2014)[8]。すなわち、パイデイアはアルス (芸術) でありテクネー (技術) でもある。そして、アルスはテクネーでもある。テクネーは技術知とも訳されることからも、ギリシャ時代は、教養教育と職業教育とに明確に分類はされていなかったことが理解できる。ちなみに、ギリシャ時代は体育も教養教育と結びつき、そこから医学や健康法といった分野にも精通することになっていた。肉体と精神が均斉のとれた発達をするように体育が振興されていたが、その過酷な養成法ゆえに、次第に滅びていった。ローマ時代には体育は完全に見世物としての地位に定着していった[8]。

ローマ時代に入り、キケロはその著作のなかでリベラル・アーツの原語ともいうべき artes, quae sunt libero dignae（自由人にふさわしい諸学芸）とか doctrina liberalis（自由学問）といった表現なども用いながら、心の涵養と徳の形成に欠かせない学芸の重要性を繰り返し指摘している。そこで語られた科目は弁論、弁証、文法、音楽、幾何、天文などであったから、まさにその総称はエンキュクリオス・パイデイアのラテン表現である。これが、少なくともことばで表現された概念としてのリベラル・アーツの発祥ということができる(半田、2010)[9]。

総合的な知の錬成こそがローマ帝国の象徴であった。ローマ時代に完成した

2.4 リベラル・アーツの歴史的成り立ち

巨大建築はもとより、土木技術、医術といった実学の発展も、この時代特有の自由さを象徴するもので、artes（諸学芸）は、工芸、美術などの芸術というよりも、その総合性の協和にあるといっていい[9]。

これらのことから、半田（2010）は、「リベラル・アーツとはしばしば職業的技能を養う学びや教育とは別で、実用性から自由になった学芸という解釈がなされるが、この誕生の経緯をみれば、元来はそうともかぎらず、実学の諸々が、それこそソクラテス・プラトンが好んで用いる靴づくりの技術を数論や弁論と並べ語るような自由性をもって協和していた観がある。奴隷的技能といわれる技術知も、ローマの奴隷身分が解放される通路をもち、その解放奴隷が哲学者や偉大な軍人や政治家となって後世に名を残すような自由度があって、それがローマにおける特性のひとつであったことを合わせみれば、そのラテン的な実学を、知を愛し求める一線に連ねてしまう自由こそがもともとのリベラル・アーツという概念の本懐ともいえそうである」と結論付けている（p.150）[9]。

その後、西ローマ帝国の滅亡のあたりから中世が始まる。中世は、古代ギリシャ・ローマ文化から離れ、キリスト教の教義に忠実に従うようになった。そのころから、「アルテス・リベラレス」（artes liberales）と対をなす「アルテス・メカニカエ」（artes mechanicae）も体系化されてきており、12世紀サン・ヴィクトルのフーゴーは『ディダスカリコン（学習論）』で、「アルテス・メカニカエ」を織物制作・武具製造・商業・農業・食料生産・医術・演劇の7技芸とした。

14世紀あたりからイタリア・フィレンツェを中心に思想、文学、美術においてギリシャ・ローマ時代への回帰が起こった。フィレンツェは、アルテス・リベラレスとアルテス・メカニカエの融合によって、毛織物業が盛んになり、それで得た富をもとに金融業を営むことでさらに財を成したことから、その財をもとにして優れた文人や芸術家を支援し、学芸が発展した。この動きがルネサンス（文

図2-4　遠近法を編み出したギベルティが設計したフィレンツェのドゥオモ
（出所：筆者撮影）
ギベルティは古代の建築から引き出した数学的に完璧な比率を用いて建築した

47

芸復興）である。ルネサンスで花開いたのが、人間の本質を追求する人文主義（humanities）である。現在の人文学者は、哲学、文学、美術といった学問を人文学として価値を置く一方、職業教育を一段下に見る傾向があるが、人文主義がフィレンツェで発展したのは、人間を科学的に捉え、内臓や筋肉までもパーツとしてスケッチしたこと、数学を用いて遠近法を編み出し、平面図や鳥瞰図で正確に図示したからこそ人間理解を深化させることが可能となった。古代の文化を甦らせ、人間中心主義に目覚めるときに、そのきっかけとなったのは、数学であり、アルテス・メカニカエで享受された実学であった。そして、その学芸を発展させた立役者たちは、職人であった。

近代において、大聖堂や地方教会から大学（ストゥディウム・ゲネラーレ）へ学問の拠点が移転し、学芸の中心地になると、自由7科を学問への入門として学んでから、神学、法学、医学といった専門に進むというルートが定着した。

19世紀以降は、英国のジェントルマン教育において、自由7科の理念が引き継がれ、それがさらに自由を求めて新大陸に移民した人びとによって米国のリベラル・アーツ・カレッジに広がり、そこで現在にもつながるリベラル・アーツが花開いたのである。

このような系譜をたどっていくと、リベラル・アーツが職業的実用性から距離を置いている学問であるという考え方は後付けされたものであり、本来の意味と異なることがわかる。

2.5　変わらない教育としてのリベラル・アーツ

一般的に、教育政策を歴史的に紐解いてみると、常に極端から極端へ振り子のように大きく振れているのが見て取れる。かつてわが国が開国し、近代教育を導入した際も、国家統制的な教育系統と、より自由で開明的な教育系統を行ったり来たりしていた。

戦後の教育改革においても、詰込み型教育への批判が高まり、ゆとり教育が導入されたが、その弊害が明らかになってきたことで、また教育内容を充実させるといったように、極端から極端へと変化する。それは、大学入試改革でも同じことが起こっている。それによって振り回されるのは常に弱い立場の児童・生徒・学生である。それなのに、教育界は相も変わらず極端から極端へと変化する。

また、教育界は、はやりすたりも大きく影響する。流行の学問が出てきたら、

猫も杓子もそれになびく。少し前だとグローバル化に対応する国際系がはやったが、世間のグローバル化の傾向は変わっていないにもかかわらず、教育分野ではもうその勢いはない。次に流行したのはプログラミングである。これからの人材はプログラミングが必須だとされ、小さいころから習い事としてプログラミング教室に通わせる親も多く出現したが、以前ほどはいわれなくなった。現在はデータサイエンスがトレンドとなり、多くの大学でデータサイエンス学部・学科を設立し、それができないところは副専攻などで対応しているが、ここのトレンドもいつまで続くかは疑問である。

このように、教育界は極端から極端へと振り子のように振れ、はやりすたりが大いに影響するのだが、そのなかで、リベラル・アーツは時代がいくら変化しても変わらない性質を有する。これこそが、教育への信頼に通じるのではないだろうか。外部環境の変化に影響されすぎず、ずっと変わらず真理を伝え続けるということの必要性をもっと教育界は認識すべきである。

2.6 MTPへのインプリケーション
―その教育は人を自由にしているか

ハッチンスは、「これまでは働くことが人生の目的であったため、教育や学習は、働くことのための準備だと考えられてきた」(p.28) [4] と述べている。それに対して、佐々木が「裏を返せば、教育や学習が『働くこと』に縛られないでよいことを、もしくは"Not in training"（職業訓練を受けていない）のままの教育・学習を、彼が歓迎していることの表れである」(p.8) [5] と解釈したのは妥当である。現代社会において、機械化等の発展により、人間が労働から解放され、教育や学習それ自体に専念できる状況が生まれつつあることで、真正の学習社会が実現に向かっていると考えられる。

このテーゼが真であれば、まさに現在の大学の主に文系で行われている教育は、所属する学生がそこで学んだ内容が就職先の業務とは一致しないことが多いため、その意味では学習社会を体現した教育形態であるといえる。そして、MTPは、その文脈からすると、学習者が労働から解放されて自由に教育・学習内容を選択できる「学習社会の実現」という視角からは最も外れた教育形態であるともいえなくもない。

日本の高等教育は、戦前の（旧制）大学、（旧制）専門学校、（旧制）高等学校、師範学校、そして一部の実業学校等が統合されて（新制）大学となった。

第2章 人材育成―リベラル・アーツとしてのMTP―

また、4年制に対応ができないということで、暫定的に設けられていた短期大学の制度が恒常化し、現在の短期大学が存在している。そして、戦後の高度経済成長時に不足した実践的技術者の養成機関として設立された高等専門学校が遅れて設立された。このような経緯をたどってきたことから、教養教育を今も継承している大学が多い。リベラル・アーツの起源となっているアルテス・リベラレスと対になっているのは、アルテス・メカニカエであり、このアルテス・メカニカエは、「その目的を人間の生活に必要な事物の確保に置く」(斎藤、1995)(p.13)[10]という考えに立脚し、それは高揚と歓喜につながり、そうした目的が自覚されたときに、「人間的なる仕事あるいは働きの対象として認識されて(中略)生活の必要な欲求を充足させるだけでなく、世俗的な裕福をもたらす」[10]ものとしている。ということは、リベラル・アーツの根源的な考えである「人を自由にする」という観点は、アルテス・メカニカエにも直結するのではないだろうか。

筆者自身、実際に大学と専門学校両方で教鞭をとっているが、大学での教養教育が人を自由にし、専門学校が人を労働で束縛しているとはまったく思えない。むしろ、専門学校生の方が、自分の関心のある分野を積極的に学び、生き生きと人間性を取り戻している姿をよく目の当たりにする。専門学校は基本的に職業教育だが、職業と直結した学びで初めて学ぶことの楽しさを実感できる学生も少なくない。学びというものは少年期、青年期に学校で(または学校・教師から)強制的にさせられていることという固定観念から脱却し、いままでは無気力だった学生たちが、専門学校に入学して、自ら知識獲得に動き始めるプロセスの目撃者になることは、筆者にとって新鮮な経験であった。職業教育のポテンシャルを大いに実感したものである。

それを研究で明らかにした研究者も存在する。西田亜希子(2009、2010)[11][12]は、専門学校は大学進学が叶わなかった生徒が行くところといった従来の視点に疑問をもち、量的調査と質的調査の両方から、専門学校への進学者は、成績が低いから大学をあきらめて専門学校に進路変更をしたわけではないということを明らかにした。さらに、進路の希望変更は、高校初期においても、後期においても、一貫して成績の影響がみられないということを明らかにした。さらに、西田は、専門学校を志向する生徒の特徴として、得意なことに特化する、すなわち、専門性が排他性を帯びていることを述べている。ただ、これは楽をしたいとか、逃げようと思っているのではなく、やりたいことなら

2.6 MTPへのインプリケーション―その教育は人を自由にしているか

図2-5　大学での教育の様子

がんばれるといったポジティブさをもった戦略的姿勢だと述べている。

西田のように専門学校のポジティブな役割に注目した研究としては、植上一希（2011）[13]が挙げられる。植上は、専門学校生が専門学校での学びを肯定的に捉えていることが専門学校の教育分野として規定されている8分野を越えて共通していることに着目し、一般的に評価されている資格取得の側面や就職対策といった「手段的」側面よりも、「単なる知識や技能の習得にとどまらない多面的な学び」（p.280）[13]が展開されていることを評価し、それに伴い、「青年としての成長をも遂げている」（p.280）[13]と指摘している。植上は専門学校生に直接インタビューをすることで、専門学校生の傾向として、専門学校への進学に関して自分で自主的に決めたという学生が多く（p.156）[13]、両親や高校教員からの反対にあった学生が多いことを挙げている。これは、高校教員のほぼ全員が大卒であり、専門学校のことをよくわかっていないからではないだろうか（p.156）[13]。また、反対されたことで余計に発奮して、努力をすることで、納得のいく就職に結びつき、結果的に満足のいく学校生活を送ることができているという好循環につながっていることも想定される。

さまざまな人間がそれぞれの得意分野を生かしていくような学習形態の実現こそ、多様性のある社会を実現することにつながる。

このようなことから、教養教育か、職業教育かという二分論は意味をなさず、人が生涯をかけて学び続けるという学習社会の実現において、両者が相互補完しあっている姿こそが、人を自由にするのだと考えられる。そして、大学教員に多い傾向で、教養教育に関わっている人は職業教育を一段下に見ている面があるが、その考え方こそ、人間の自由と真逆の位置にある。人を自由にしない

第 2 章　人材育成―リベラル・アーツとしての MTP―

教育は、教養教育であっても、存在する価値はない。「その教育は、人を自由にしているか」、この一点こそが、未来に伝えるべき教育である。

　本書で明らかにしたいのは、MTP は人を生かすための道しるべになるということである。迷える管理職たちは MTP を頼りに、人間らしく関係性を構築することを可能にしている。MTP が時代を越えて変わらず指し示す道しるべこそ、リベラル・アーツの根本の考え方である「学習することで人を自由にする」という思考に通じていることを読者諸氏に理解していただければ望外の喜びである。

【参考文献】
1) 文部省 編（1972）『学制百年史』帝国地方行政学会
2) 天野郁夫（2016）『新制大学の誕生　上、下』名古屋大学出版会
3) 文部科学省（2021）「『令和の日本型学校教育』の構築を目指して〜全ての子供たちの可能性を引き出す、個別最適な学びと、協働的な学びの実現〜（答申）」（令和 3 年 1 月 26 日）
　https://www.mext.go.jp/content/20210126-mxt_syoto02-000012321_2-4.pdf
　（2024 年 4 月 30 日閲覧）
4) 新井郁男 編集解説（1979）『ラーニング・ソサエティ』至文堂、p.32
　（原著：Robert M. Hutchins（1968）"The Learning Society" Encyclopedia Britannica Inc.）
5) 佐々木英和（2007）「ニート問題と学習社会の課題－学習社会論の立場から－」『日本学習社会学会年報第 3 号』日本学習社会学会、pp.8-12
6) キャリタス（2022）「就活経験者にきいた「大学進学に関する調査」〜キャリタス就活 2022 学生モニター調査」、ディスコ
　https://www.disc.co.jp/wp/wp-content/uploads/2022/03/shingakuchosa_202203.pdf
　（2024 年 4 月 30 日閲覧）
7) 国際基督教大学（2023）「WHAT'S LIBERAL ARTS? リベラル・アーツを体験する」
　https://www.icu.ac.jp/liberalarts/thinking.html
　（2024 年 4 月 30 日閲覧）
8) 大口邦雄（2014）『リベラル・アーツとは何か　その歴史的系譜』さんこう社
9) 半田智久（2010）「セブンリベラルアーツとはどこから来た何ものか」お茶の水女子大学人文科学研究、6、pp.149-160
10) 斎藤稔（1995）「人文学としてのアルス（芸術）」藝術研究、8、pp.1-22
11) 西田亜希子（2009）「専門学校は大学進学の代替的進路か？－進路多様校における専門学校希望者の分析による検討－」子ども社会研究、15、pp.163-178
12) 西田亜希子（2010）「専門学校は大学進学の代替的進路か？－進路多様校における専門学校希望者の分析による検討－」中村高康『進路選択の過程と構造―高校入学から卒業までの量的・質的アプローチ』ミネルヴァ書房、pp.141-161
13) 植上一希（2011）『専門学校の教育とキャリア形成』大月書店

第3章　手法としてのMTPの研究・評価の歴史と展望

　世の中はさまざまな関係性からできている。そのために、広大なはずの社会なのに、「世間は狭い」と実感するのが、成熟した社会人というものだろう。これを統計学では、「六次の隔たり」（Six Degrees of Separation）という[*1]。企業の営業で紹介者をたどった先が、ぐるっと一周して最初の紹介者に戻ってしまう現象がよくあるというのも、このことを示している。また、昨今、人びとを熱中させている、SNSでの知り合い網を構築することも、これを応用した事業なのである。

　この意味でも、理論と実務は密接な関係があるし、理論そのものの構成も、他分野との関係性を否定することはできなくなってきている。たとえば、りんごが木から落ちるのを見て、万有引力の法則を発見したことで有名なアイザック・ニュートンも、本人は自身が「物理学者」であるという自覚はなかったという。当時はまだ、「物理学」という学問分野が認識されておらず、リベラル・アーツでいう「（自然）哲学者」だと自覚していたし、「神学者」であるとも任じていた。「自然哲学」は、「形而上学」の一部とみなされて、最高位に、「哲学」があった時代だからだろう。もちろん、「神学」は超絶別格に位置付けられていた。あたかも、わが国の相撲の最高位が、人間としては「大関」で、「横綱」が神格となる関係のように、である。

　本書に最も近しい、「観光学」も、決してひとつの学問分野から成り立っているわけではなく、さまざまな分野からの結集体のような構造のなかにある（図3-1）[*2]。読者には、この図をご覧になるにあたって、その深みを三次元的に、あるいは時系列の変化や影響の強弱などを想像しながら眺めることをおすすめしたい。

　これと同様に、本書で扱うMTPも、日本産業訓練協会によるテキストは

[*1] 1967年に社会心理学者スタンレー・ミルグラムが行った、「スモールワールド実験」（small world experiment）で検証され、その後、「六次の隔たり」（Six Degrees of Separation）として知られるようになった。見ず知らずの関係でも、途中に芋づる式で人を介してたどっていけば、おおよそ6人の仲介者を経ればつながるというものだ。これを応用したのが、現代のSNS企業である。

[*2] 図3-1　Jafari, J., & Ritchie, J. R. B. (1981) "Toward a framework for tourism education: Problems and prospects" *Annals of Tourism Research,* 8(1), pp3-34. 図のオリジナルは、Jafari, J（1977）University of Wisconsin-Stout, https://doi.org/10.1016/0160-7383(81)90065-7（2023年12月18日閲覧）

53

第3章 手法としての MTP の研究・評価の歴史と展望

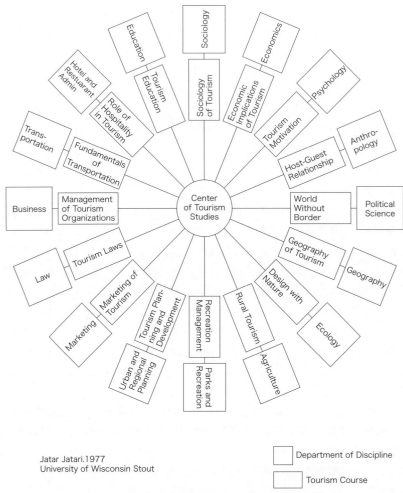

Jatar Jatari.1977
University of Wisconsin Stout

図 3-1　観光に関する研究分野とアプローチの選択[*2]

2024 年 5 月現在第 13 版が使用されている（第 14 版の準備が始まっている）。初版から現在までに、さまざまな分野からの最新研究成果を取り込んで、時代に即した進化を遂げているといえよう。図 3-2（日本産業訓練協会、府川亮一主幹講師作成）[*3] は、組織管理のために人を主に研究する MTP にあって、「心理学の変遷」を示したものであるが、図 3-1 同様、MTP そのものの変遷を意

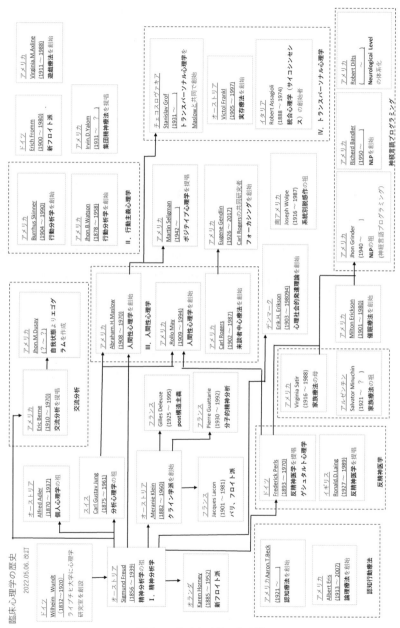

図 3-2　臨床心理学の変遷*3

55

第3章 手法としてのMTPの研究・評価の歴史と展望

味するものではなく、こうした研究の上にあると考えればわかりやすい。

以上のような構造を理解したうえで、本章では、改めて古典的な研究成果を踏まえた考え方の基盤を確認し、外国（マレーシア）におけるMTPの普及すなわち、同国におけるツーリズム産業（先行研究では「ホスピタリティ産業」）への影響をみながら、わが国における参考としたい。

3.1 「ホーソン実験」の人間関係管理とMTPの有効性について

(1) 2023年日本国際観光学会全国大会

日本国際観光学会2023年度全国大会は、11月4日（土）に、白百合女子大学にて開催された。午後からの各分科会で筆者が行った発表について、本書ではより詳しく述べることとする。

ここでは、2本の先行研究論文をもとにして、論を進めていく。基礎となる1本目の論文は、谷口茂（1969）『新しい人間関係管理』[1]である。発表年を見てのとおり、半世紀以上前のものであるが、極めて重要な、「ホーソン実験」の成果からみた、近代企業組織における人事管理の中核ともいえる人間管理の手法についての研究である。この「ホーソン実験」こそが、論文内ではあっさりと扱われているMTPの基礎をなす思想であると思われるのは、米軍によるMTP開発の時系列における先行成果が、「ホーソン実験」だからである。

また、MTPの随所にみられる経営学の知見には、当然ながら、経営学の始祖のひとりである、チェスター・バーナードの著作『経営者の役割』[2]の影響があるはずである[*4]。そこでまず、谷口論文を手がかりに、重要な論点である

---

*3 この図は、日本産業訓練協会の主幹講師、府川亮一氏が個人的にまとめたもので、以下、府川氏からの説明コメントを示す。「図における心理学の流れには、他の流れの考え方もたくさんあります。例として、TA（交流分析）は、私は「フロイト」からつなぎましたが、「ユング」や「アドラー」からつないでいる例もあります。ちなみに、「日本交流分析協会」は、「フロイトから」としています。MTPではこれらの心理学を、原典のとおりではなく、活用できるように加工したり、組み合わせしたりして採用しています。そのため、あえて原典を記載していない場合もあります。本図は、「臨床心理学」をメインにまとめました。他に「産業心理学」をはじめ、「組織心理学」・「集団心理学」等多数の心理学の分類方法があります。従って、著名な心理学者が未記載の場合も多数あります。一つの心理学にも多数の派閥があります。大きく分類しますと、①あくまで初期の「原典」を忠実に継承している、いわゆる原理主義的な立場、②原典を基礎に、時代に合わせて改善を加えているが、名称は変更していない立場に分かれているようです。一例をあげると、精神分析学（フロイト）、分析心理学（ユング）、個人心理学（アドラー）の原典には、「傾聴」（著者注：MTPにおける重要なポイント）はありませんでした。傾聴は人間性心理学に登場しました。しかし、一般的には現在ではどの心理学でも傾聴は活用しています」。

3.1 「ホーソン実験」の人間関係管理とMTPの有効性について

「ホーソン実験」での発見、すなわち、「人間は感情のある動物である」を確認しながら、MTPの立ち位置も明らかにしたい。

また、後半におけるマレーシアの事例は、MTPを、一次産業を除く全産業界が導入したことを受けて、マレーシア国内におけるホスピタリティ産業での導入実態についての研究成果を挙げたものである。本書の立ち位置もしかりであるが、わが国におけるツーリズム産業界（マレーシアの事例としては、「ホスピタリティ産業」）へのMTP導入を誘導しようというレベルをとっくに超えていることに注目したいからである。

(2) ホーソン実験と経済人の否定がもたらす新しさ

MTPは、歴史的にもさまざまな理論を取り込んで米軍によって構築された組織運営のための研修メソッドである[3]（第6章を参照）。その前提部分に、「ホーソン実験」（1924～1932）で明らかになった、「人間は感情のある動物である」ということの発見[*5]があった。このことは、現代の日本人の多くに奇異にうつるだろう。そんなことは常識ではないのか、と。確かに、日本には、たとえば、戦国武将たちの名言や名将の言動が伝説的に語り継がれていて、感情のある動物である人間をよく知り尽くした人物が最終的な勝者となっている歴史を誰でも知っている。けれども、近代文明が発展したヨーロッパでは、たとえば、世界覇権国だった英国の、ダニエル・デフォー（1719）『ロビンソン・クルーソー』などでは、従来の、「人間とは経済人である」という、合理性に基づいた人間論[*6]こそが常識であった。そして、この常識は、20世紀初頭の、フレデリック・ウィンズロー・テイラーによる、「科学的管理法」（Scientific management）あるいは、別名「テイラー・システム」[*7]によって決定づけられたのである。

---

*4 チェスター・バーナード（1968）『経営者の役割』は、「バーナード革命」と呼ばれるようになった、経営者のための画期的な教本である。

*5 ホーソン実験は、有名な社会学の実験として知られている。実施された場所が、アメリカ・シカゴ郊外にあるウエスタン・エレクトリック社のホーソン工場だったので、この名が付いている。1924年から1932年まで行われた一連の実験と調査のことである。

*6 邦訳の『ロビンソン・クルーソー』は、岩波文庫版は上・下二巻あわせて1,000ページの大作であって、児童文学としての「冒険もの」とは趣を異にする。筆者が学生だった1980年代でも、経済学徒必読の書といわれてきた。その理由が、主人公のロビンソン・クルーソーこそが、典型的な「経済人」だとみなされていたからであった。すると、ホーソン実験における発見は、どのように扱われてきたのかということよりも、むしろ、無視されていないかとの疑問が立つのである。

第3章　手法としてのMTPの研究・評価の歴史と展望

しかし、この「ホーソン実験」によって、経済人という概念が否定されたのである。これを谷口の、『新しい人間関係管理』[1]から以下に引用してみたい。

「ホーソン実験以前の段階においては、人間は金銭的、経済的要因によってのみ動機づけられるという、単純な、現実ばなれした人間観、いわゆる経済人（Homo Economicus）的人間観が産業界を支配していた」といい、「したがって、企業においては『生産能率は賃金、作業時間、労働環境など物的条件の函数（傍点筆者）である』という原理に基づいて、仕事本位の能率主義的、合理主義的な労務管理が実施されていた」[1]。

ここで誤解をしてはいけないのは、科学的管理法が全面的に否定されているわけではなく、優先すべき順序があるということだ。すなわち、人間を扱うことを第一としながら、科学的管理を行うことなのである。これについて、マーケティング分野のビッグネームであるセオドア・レビット教授は、現在でも人は「経済人」であることが蔓延してしまっていると嘆いている。重要な指摘なので、やや長いが以下に引用する[4]。

「いつかレオ・マックギブナ（Leo McGivena）はこういった。「昨年、4分の1インチ・ドリルが100万個売れたが、これは、人々が4分の1インチ・ドリルを欲したからではなくて、4分の1インチの穴を欲したからである。」人は製品を買うのではない。製品のもたらす恩恵の期待を買うのである。ところが、狡獪な生産中心思想を捨て切れない経営者や経済学者たち（傍点筆者）のほとんどは、商品はそのものの本来の特質をもっている（傍点筆者）という考え方から、かたくなに離れようとしない。ひと切れの食パンは1個のダイヤモンドとは別の物質にちがいないと考えてしまう（筆者注：どちらも「炭素（C）」からなる）。個々の商品はその購入者に恩恵を伝達する手段にすぎないと考えるのではなくて、それぞれ物質として固有の特性をもつものだとみてしまう。だからこそ、企業にあっては一方的にコストだけを基礎にした価格政策がとられるし、経済学者たちはミクロ経済的需要曲線をひく際に、消費者側の効用というものを、もし考慮に入れたとしても、ほとんど影響力のない関数だと決めつけてしまう。物理学はとうの昔に、物質が本来固有の特質をもつという考え方を捨ててしまっている。今こそ、経営の分野でそれをやらなければならない。人がカネをつかうのは、商品やサービスを手に入れる

＊7　フレデリック・ウィンズロー・テイラー（1856～1915）が唱えたもので、現在でも彼は「科学的管理法の父」と呼ばれている。テイラーは、工場内の工作機械の改良や工程管理の改善を実践し、生産性向上への多大な貢献をしたことでも知られる。わが国の戦後製造業における、「カイゼン」も、もとをたどればテイラーの科学的管理法に行き着く。
もちろん、MTPにおいても、科学的管理法はその基礎に置かれた重要な概念で、「科学的アプローチ」（第4章MTPの構成を参照のこと）を特に基本とする特徴がある。

3.1 「ホーソン実験」の人間関係管理と MTP の有効性について

ためではなくて、買おうとする商品やサービスが自分にもたらしてくれると信じる期待価値（傍点筆者）を手に入れるためである。人は4分の1インチの穴を買うのであって、4分の1インチ・ドリルを買うのではない。これこそがマーケティング視点なのである。」

ここでいう、「期待価値」こそが、人間は感情のある動物であることの、根本的な「欲求」を意味するのである。したがって、MTP では、第4章で後述するように、欲求と欲求不満について詳細な研究を施すことが用意されている。ときに人間は、合理的ではなく衝動的な行動にとらわれるのも、また、損得抜きの行動ができるのも、感情のある動物だからである。

改めて、このような指摘をもって、現代日本における普段の発想法を振り返れば、上に述べたような、「奇異」に感じることは消滅し、むしろ積極的に、「経済人であるという前提」になってはいないかと思われるのである。

つまり、あるはずだった常識が逆転して、本来ならば奇異に感じることの価値観が常識に取って代わってしまっていることがわかるのである。果たして、このことの不思議さをもって、「新しさ」というのは、やや自虐的ではある。とはいえ、100年前のアメリカ人の発見に、いまさらながらでも、気がつくことが必要になってきているのである。

(3) 人間関係管理からの視点

谷口は続いて、「しかしながら、ホーソン実験の結果、生産能率を左右する要因として、集団成員間の感情的・心理的要因、社会要因の重要性が確認され、人間は複雑な欲求と動機によって動く、生ま生ましい（ママ）感情をそなえた、現実の、全体的存在である、という新しい人間観が発見された」と述べて、ここから、「人間関係論が生まれた」とする。そして、「要約すれば、①労働者をたんなる労働力としてではなく、一人の人間として、そのあるがままの姿において認識する、②労働者を人間として認識する以上、かれらの人間性、個性を尊重する、③とくに労働者を集団として把握し、かれらをもっとも適合的な状態におくようにつとめる、④かくして、労働者のモラールを自発的に高揚させる、ことを狙いとしている」といっている[1]。

この指摘は、谷口の発表時期である、1969（昭和44）年を思い起こすと、高度成長期において帝国ホテル労働組合が行った労働運動のテーマが、「人間性回復」（1968〜1969）であったことと符合するのである[*8]。

第3章　手法としてのMTPの研究・評価の歴史と展望

　ただし、アメリカでこのような人間関係論が生まれたのは、1935（昭和10）年頃のことなので、上述した、チェスター・バーナードが主著『経営者の役割』を発表した1938年の方が、よりリアルな連続した背景となってみえてくるのである。途中に戦争という特異な期間があるものの、わが国では、ほぼ30年の後から、しかも、経営者の側ではなく、労働側からの要求になったことの方が、よほど重要な問題だといえるのである。

　帝国ホテルの事例から時間が前後するが、今やわが国を代表する世界企業となった、トヨタ自動車の『TWIの歴史と現状』に、「TWI導入の経緯」として、次のように興味深い記載がされているので引用する[8]。

　「このさい特筆すべきことは監督者訓練の開始について労働組合からこの年（筆者注：1951（昭和26）年）の9月に要望書が提出されたことである。組合は会社に近代的管理技術を身につけた監督者の養成を要求したのであった。いいかえれば、それほど当時の現場には古いタイプの監督者がまだ幅をきかせていたのである」。

　ここでひとつ注意したいのは、帝国ホテル労働組合の事例が、トヨタ自動車より随分と遅れに失すると感じられることについてである。それは、わが国の主だった宿泊施設のほぼすべてが、米軍によって接収されたことと関係するからである。このことについても、『帝国ホテル労働組合30年のあゆみ』[5]で接収時代の詳細が記述されている[5]。ご興味の向きは、会社側の、『帝国ホテル百年史』[9]をあわせて参考にされるとよい。

　いずれにせよ、労働組合が先立っていたことは事実である。これを谷口は、同時期のわが国の状況として、「農村を母体とした過剰労働力に支えられた、わが国独自の労務管理方式が確立された。それは温情主義による、経営家族主義の労務管理であり、その特徴は、①終身的・閉鎖的、②年功的、③身分的、④生活保障的、⑤温情的など」と指摘している[1]。筆者は、当時の前提となる「農村を母体とした過剰労働力に支えられた」ことが現在ではとっくに崩壊したことは重視したいが、谷口が挙げる5点のすべてに変えるべき問題があると、一概に同意することはないと考えている。特に、①に挙げた終身的について、

＊8　「帝国ホテル労働組合30年史」編纂委員会 編（1976）『帝国ホテル労働組合30年のあゆみ 窓 大谷石－その光と影と』第Ⅳ期・第Ⅴ期、p.100-154[5] より。なお、帝国ホテル労働組合については、この後、『帝国ホテル労働組合50年の歩み』（1996）[6]と、『帝国ホテルに働くということ―帝国ホテル労働組合七〇年史』（2016）[7]が発刊されている。

3.1 「ホーソン実験」の人間関係管理とMTPの有効性について

むしろ改悪されて実質延長運用されていることを指摘しておきたい。また、終身、できればいったん就業した企業にできるだけ長く勤めたい、というのは、感情ある人間の基本的な欲求だとすれば、さまざまな角度から慎重な検討が今こそ必要ではあるまいか。

　人口減少によって深刻かつ慢性的な人手不足に陥ったことでも、従前通りでは到底継続が困難だったのは明らかではあるが、そもそも、その従前の状態こそが批判的に観るべきことではなかったのか。なぜなら、アメリカにおいて人間関係論が労務管理に応用されるようになった背景として谷口は、「①労働力の不足、②経営組織の巨大化と複雑化、③テイラー流の能率と費用の論理に貫かれた労務管理が大きな壁につきあたり、働く人間の意欲や感情など人間関係の問題を無視できなくなった、④ 1935 年には労働者保護の法律が制定された、⑤資本と経営の分離がすすみ、その結果、株主と労働者の立場も重視されるにいたった」といっており [1]、これこそが、現代日本で発生していることの先行事例だからである。

　一方で、谷口は、これが、敗戦によって様変わりするのは周知の事実であることを踏まえて、「アメリカからの数多くの管理方式があいついで導入されたなかに、従業員のモラール高揚」として MTP が位置付けられたことを述べている [1]。これが、製造業を中心になされたマッカーサー指令でもあり、その効果が確認されて現在までも継続しているのは、すでに述べた通りだ。ただし、MTP は、なにも従業員のモラール高揚を目的にしてわが国で発展進化したとはいえず、もっと広範囲な組織管理のためのメソッドなのは、人間は感情をもった動物であるという根本の発想があるからである。

　したがって、MTP を誤解するためには、逆に、経済人であるという前提に立った場合にそうなる、という意味でもある。この点で、人間関係管理（HR：Human Relations Management）について、谷口によれば、「昭和 30 年をピークに爆発的ブームをよび、当時のわが国企業の労務管理は HR 一色にぬりつぶされた感さえあった」ものの、「人間性の回復、人間尊重の精神が全く見失われ、個々の人間関係管理の技術・技法のみが導入される結果となったのは、上述のわが国独特の温情主義などが残存していたからだ」といっている [1] のは、議論の前提がゆがんではいまいか。むしろ、トヨタ自動車をはじめとした労組の指摘が合致している [6] ことに、一貫性を認めるのである。

　そして、現代におけるわが国の人間関係管理が、相変わらず経済人であるこ

61

第3章　手法としての MTP の研究・評価の歴史と展望

との前提から抜け出させないことに、大きな違和感しかないのである。

　なお、経済学では、アダム・スミスが『国富論』(1776年)の前に発表した、『道徳感情論』(初版は1759年で、本人による改訂第6版は1790年)が「(人間は)感情のある動物」とした嚆矢であったが、2017年のノーベル経済学賞となったシカゴ大学リチャード・セイラー教授による『行動経済学』の出現で、ようやく「ホーソン実験」の発見に追いついていることに注意したい。この詳細は、セイラー教授が2015年に著した、『行動経済学の逆襲』[10]に詳しい。教授の暴露によって、現代経済学の主流派は、アダム・スミスの『国富論』しか読んでいないか、あるいは「見えざる手」にだけ注意を払っているのみで、あとは『道徳感情論』もなにもかも無視してきたことが判明した。その後、英国保守党の国会議員、ジェシー・ノーマン氏が、『アダム・スミス　共感の経済学』[*9]で、より詳しく紹介している。少なくともアダム・スミスは、一般に信じられている「神の見えざる手」という表記はしておらず、ただ「見えざる手」と書いたのだし、『国富論』の論理的基盤をなす『道徳感情論』をみれば、およそ現代での悪名高き、「自由放任主義＝儲け主義」を主張したはずもないことがわかるのである。

　いま、アダム・スミスが見直されてきている理由に、歪んだ解釈の弊害が顕著になっているからである。この意味でも MTP の基盤には、正しき論理すなわち倫理が敷かれているといえる。

　このようなわが国の状況のなかで、マレーシアにおけるホスピタリティ産業では、MTP が新卒者を惹きつけるための手段として普及している。そこで、A. B. ヌール・ディアナ、N. スマルジャン『マレーシアのホスピタリティ産業における MTP の経営者と従業員双方への影響』[12]を参考にすることで、わが国でのツーリズム産業の「人」についての問題点を明らかにしたい。

(4)　マレーシアの MTP 普及の先進性

　マレーシア経済も成熟度を増すにつれ、経済のサービス化という、かつてわが国がたどった道を歩み始めている。それが、「第10回マレーシア計画(2011

---

*9　ジェシー・ノーマン、村井章子 訳 (2022)『アダム・スミス　共感の経済学』[11]。なお、アダム・スミスについての定評ある解説に、堂目卓生 (2008)『アダム・スミス 『道徳感情論』と『国富論』の世界』中公新書1936 がある。

3.1 「ホーソン実験」の人間関係管理と MTP の有効性について

年)」であきらかにされた、「ホスピタリティ産業の年間成長率7.2％」であった[12]。以下、ディアナとスマルジャンによれば、この当時で、4年後の「2015年までに、200万の雇用を創出すると予想され」ていたといっている。この研究によれば、「観光客数の増加を基準とした、従業員の増加も不可欠」ということであり、「有能な従業員を募集すること」は、「生産的な労働人口を確保するための基本的な第一歩」としている。「しかしながら、有能な従業員候補者を募集し選出するだけでは、候補者を引きつけるニーズを実行し、満たすことはできない」し、「従業員のスキルを構築するために、体系的な訓練と人材開発計画に着手することも必須」であるために、「多くの企業は、長期雇用を確保するために新卒者の訓練と人材開発に力を注いで」いて、その訓練が「経営戦略」における「重要因子」となっているというのである。

前節における過去の日本の就労構造が、「農村を母体とした過剰労働力に支えられた」のと同様に、工業化と都市化による構造変化がマレーシアでも起きていることを示唆しているし、一般的にも ASEAN の経済成長は、かつての東南アジアの貧しいイメージを拭い去りつつあるのは周知の通りである。このことは、アジアにおける、「わが国（日本）中心主義」の目線では、現実を捉えることができないことを示すばかりか、1人当たり GDP においても、わが国の2.5倍あるシンガポールはもとより、統計によっては台湾、韓国にも抜かれることとなった今では、ほとんどナンセンスになってきている[*10]。

なお、客室清掃などの受託事業者は、就労者を中央アジアのパキスタンなどの「スタン国」に求めだしている実情がある。これは、円安の影響から発展している東南アジア本国への送金が困難になって他国へ移動する労働者が出てきている中での、ひとつの期待の星になっている。

これがグローバル経済の本質でもあって、自国中心の経済だけを追求しても、自由移動の原則のなかでは、水が高いところから低いところへ流れるのと同じ物理法則で、労働力も流れていくのである。すると、1977年のノーベル経済学賞だった、「ヘクシャー・オリーンの定理」として知られる、「要素価格均等化定理」[*11]を意識しなければならないことに気づく。とうとう製造業の世界を超えて、ツーリズム産業にも、要素価格均等化定理が適用できるような経営

---

*10　国際通貨基金（IMF）が2023年10月12日に発表したデータでは、辛うじてわが国は台湾、韓国の上位にあるが、世界ランキングでは32位という位置になっている。

第3章　手法としてのMTPの研究・評価の歴史と展望

環境ができてきたのである。わが国におけるツーリズム産業が、インバウンド頼みであるという構造ができた意味の肝はここにある。外客が国内で観光消費をするのは、明らかに「輸出業」と同じことなのだ。これを最初に意識した法整備こそ、1949（昭和24）年に施行された「国際観光ホテル整備法」であった[*12]。この法の第一条（目的）にある、「国際観光の振興に寄与する」とは、外貨を稼ぐ、と解釈できる。まだ占領下で、国民が食糧難だった時代に観光を振興した意味は、これしかない。蛇足ながら忘れられがちなので追記すれば、序章や前節で述べたように、この時期は、わが国の宿泊施設で主たるものは、全部が接収されていたことに注意されたい。つまり、この法の適用は、接収されなかった施設への要件整備であった。ここにも、わが国観光のスタートラインの哀しい歴史がある。ヨーロッパ最貧国だったスイスが、産業革命前から貴族たちの登山ブームに乗り、その後のジェントルマン層（今でいう「富裕層」）からの支持を得て、高サービス・高単価の乗数効果的発展をしたのに対して、極貧節約旅行からの出発となったのである[*13]。

以上の伏線を踏まえたところで、ディアナとスマルジャンの研究でのMTPについての言及は、「MTPは、新卒者を採用することに重点を置いた訓練計画のひとつとして登場」し、「MTPは、ホスピタリティ産業、金融業、小売業、サービス産業、放送業界、技術業界等で実践されている」というから、第一次産業以外の全産業分野に普及がみられることになる[12]。MTPを70年以上採用しているわが国製造業で、新任管理者訓練として位置付けられているのは、社内

[*11]「要素価格均等化定理」とは、経済を構成する3つの要素（資本、労働、土地のそれぞれの価格）について、「生産手段が同じなら、要素価格は均等化する」という定理である。これには、リカードの「比較優位」の応用という側面があるものの、筆者は、定理の前提にある、「生産手段が同じなら」に注目する。つまり、「仕事のやり方が同じなら」とも読めるので、この前提が成立すれば、同じ業務おける賃金が高い国なら低減し、低い国なら増加して、最後には均等化すなわち同額になるというのである。すると、この定理から逃れるには、前提の「仕事のやり方」を変えなければならないのである。このことが、イノベーションを必要とするのが先進国の方だということがわかる。

[*12]「国際観光ホテル整備法」（昭和24年法律第279号）。「第一章　総則（目的）第一条　この法律は、ホテルその他の外客宿泊施設について登録制度を実施するとともに、これらの施設の整備を図り、あわせて外客に対する登録ホテル等に関する情報の提供を促進する等の措置を講ずることにより、外客に対する接遇を充実し、もって国際観光の振興に寄与することを目的とする」。

[*13] 日本国際観光学会全国大会（第23回：2019年10月19日、桜美林大学）、観光カリスマでスイスのツェルマット在住の山田桂一郎氏の特別講演「選ばれ続ける地域とは～自立・持続可能な観光リゾート経営～」より。参考記事：観光経済新聞、2019年11月1日「日本国際観光学会、全国大会で観光カリスマ 山田桂一郎氏が特別講演」（2023年12月19日閲覧）

64

昇格する経営者も MTP 経験者だからという特徴がある[13]。よって、マレーシアのこの状況はわが国の製造業とは異なる形での普及であるといえる。

それは、マレーシアでは、「キャリア開発と新卒者雇用における安定性を提供している」といっていて[12]、新卒者も対象ということにある。目的は、「専門的な能力の開発と昇進の機会」の提供であって、「非訓練者はホスピタリティ産業内でのキャリアを追求する」が、この産業では、「重労働、犠牲と忍耐が必要」なために、比べてみれば「他産業の新卒者は自動的またはずっと早く管理職に登用される」ので、MTP はこれを補う位置付けなのだといっている[12]。とはいえ、MTP は、あらゆる組織での「リーダー」を育成するためのメソッドである[3]ため、入社して早くこれを実施することは、ディアナとスマルジャンがいう、「複雑な問題を事前に察して解決し、多面的な開発計画を管理し、社会的ネットワークを構築し、絶え間ない課題を克服するための準備」に役立つということに異論はなく、そのために、「訓練だけでなく、雇用契約と訓練契約がセットになっており、訓練終了後は監督または準管理者の職に就く機会が提供される」[12]のである。

このように、ディアナとスマルジャンは、「MTP は、ホスピタリティ産業への人材定着を促進」するだけでなく、「経営者が従業員の利益、課題および期待を理解し」、かつ、「訓練費用のムダを削減し」、「より伝導力がある就労環境を創出するのにも有用である」と記している[12]から、他産業との競争もしかりだが、競合・協働的戦略の一部になっていることを示唆する。ゆえに、ディアナとスマルジャンは、「非訓練者も、明確でよく設計された MTP を通じて自らの将来の可能性をよりよく理解することができる」としている[12]のである。

3.2　産業競争力の基礎体力（インナーマッスル）としての MTP

「ホーソン実験」や「バーナード革命」のみならず、労働力の不足が、アメリカにおける人間関係管理の考え方が広まった原因であり、ニーズでもあったことに注目せざるを得ないのは、現在のわが国が、当時のアメリカに追いついたと認識すべきときにあるからだ。

そしてそれは、「経済人」という意味の、経済合理性の追求とは意味を異にする、「人間は感情のある動物」であるがゆえの「合理性」、つまり合理的適用を追求したものであったがために、成果がでたのである。

こうした基盤の上に、MTP が米軍によって開発されたのも、「軍」こそが、

第3章　手法としてのMTPの研究・評価の歴史と展望

最も厳格な組織運営を迫られる組織だからでもある。軍の運用には、兵の命がかかっているのだ。そのために、合理性の追求において、最も厳しい環境にある組織となる。しかして、上官の命令に、合理的に従わせるのはパワーではなく、感情なのだという発見の意味は大きい。それがまた、第8章に触れる、MTPと両輪をなすTWI（Training Within Industry）[*14]の精神、「相手が覚えていないのは自分が教えなかったのだ」に、端的に表れている。上官たる教官が、部下や新人に何かを教えることになって、部下や新人が覚えていないとしたら、それは上官たる教官の責任であるとするこの発想の精神が日本人に衝撃を与えた。それを教え込んだのが、戦勝国の米軍将兵だったからである[3) 8)]。

　これを拡大すれば、最近のMTPでのカリキュラムに、企業内における「パワハラ」をはじめとする各種ハラスメント対応についても取り上げられているのは、上述のTWIの精神が企業や社会から薄くなったからともいえるのである。その象徴が、偏差値教育の弊害に含まれてよいはずの、教師の教え方の技術に関する議論がほとんどないことである。つまり、成績が悪いのは本人のせいだ、ということだけにされていることへの無批判な状態が、ハラスメントの深い場所における原因だともいえないか。それがまた、HRの理念に回帰した従業員対応になるのだろうし、そうした対応のために、MTPの必要性の再認識ができたともいえるのである。

　個人が集まってできる組織にあって、個人を自立・自律させるためには、身体的・物理的にインナーマッスルが不可欠なのと同様に、人間行動の深部にある発想に、個人のマネジメント能力がなくては、その組織の自律もかなうはずがないのである。これの成功事例として、第1章を再度思い起こせば納得できることだろう。

---

*14　TWIには全4つのコースがある。
TWI-JI（仕事の教え方）：職場で起こる問題の80％は、知らない、できないために起こるといわれている。仕事を正確かつ迅速に行えるようにするための、最も効果的な教え方、指導の仕方の習得コース。
TWI-JR（人の（問題の）扱い方）：職場の人間関係を円滑にし、問題を未然に防ぎ、問題が起きてもうまく対応する「人の（問題の）扱い方」を習得するコース。
TWI-JM（改善の仕事）：作業の内容を細かくわけて研究し、それを簡単にしたり、具合よく順序を決めたり、組み合せしたりして、材料・機械・労働力を現在よりもさらに有効に活用する方法を習得するコース。
TWI-JS（安全作業のやり方）：災害をもたらす不安全行動・状態の原因をつきとめ、安全の事前処置の方法を習得する12時間のコース。

3.3　マレーシアの事例が意味する警告と未来

　わが国の影響力が歴史的にも強い、東南アジアのマレーシアにおける、わが国ではいまだ認知すらおぼつかない、ホスピタリティ産業などでのMTPの戦略的普及の実態事例からは、少なくとも、産業・業界レベルで、わが国は追い越されてしまってはいないかという、危機感すら指摘できるものである。これを、後発の有利さだと上から目線でいうのは自由だが、そうやってアメリカを追いつけ追い越せとやってきたわが国が、いまやインドにもGDPで抜かれそうになっている。もちろん、GDPなる指標は、「1人当たり」あってのものだとしても、3.1の(4)で述べたような実態にもなっているのである。

　前節で、教育について言及したもうひとつの背景に、「正解」に近づけることの欠如がある。世の中の現象のほとんどは、それが「正解」であることを証明しようもない事柄ばかりなのである。たとえ正解を目指したところで、その目的や目標自体が正解とは限らないかもしれないし、よしんば計画どおり達成できたとしても、それが正解とも限らない。つまり、正解らしきものに対しての確からしさでしかないのが、本当のところなのである。

　このことは、数学にもいえる。小学校から高等学校まで、「算数」でも「数学」でも、絶対に答えがある問題を解くように教え込まれているが、「数論」の世界に一歩でも入り込めば、果たして正解はあるのか、あるいは、計算可能なのかという問いばかりとなる[*15]。それゆえに、うつろいゆく世の中の出来事を追いかける「フロー」と、どっしりとアンカー（錨）のような知的「ストック」の両方からアプローチして、正解に近づけるための「視覚化」が求められているのである。これが、昨今なにかと話題の、「A. I.」（たとえば、ChatGTPなど）なのである。もちろん、ここでいうA. I. とは、不朽の名作『2001年宇宙の旅』に登場した、本物のA. I.（人工頭脳）たる「HAL9000」とは雲泥の差の別物[*16]である。残念ながら、「HAL9000」のイメージがそのまま現実のA. I. に投影さ

[*15]　新井紀子（2018）『AI vs. 教科書が読めない子どもたち』[14]。大ベストセラーになった本書は、現代人必読書の一冊である。なお、読解力を鍛えるために、伊藤氏貴（2022）『国語読解力「奇跡のドリル 小学校1・2年」』[15]がおすすめ。

[*16]　『2001年宇宙の旅』は、アーサー・C. クラークにより1968年7月に小説が出版、その直後にスタンリー・キューブリック監督による映画が公開された。映画は特に有名になった。ここで登場する、「HAL9000」こそが、SF（Science Fiction）としての理想的A. I.（人工頭脳）であるが、新井[14]がいうように、「実現不可能」な代物なのである。

れてしまい、多くの人びとがA. I. 実用の可能性や方向性を勘違いしていて、それが「DX（Digital Transformation）」なる謎の用語をもって、企業の経営方針にも影響を及ぼしている。

「人間は感情のある動物」を前提とした現実の問題としては、「言語化困難」が、「読解力」の前段の問題として注目されている。自分の感情を言語化して、他人に伝える能力が世界的に減衰しているという問題のことだ[16]。かつての子供たちは、教科書と副読本的な読書をしていたが、現在はネット・ゲームとSNS環境によって、短い言葉を常用している状態にある。これが、言語能力の発達を阻害しているかもしれない。

すると、接客を基本とする産業にあって、将来不安の種となるのは、第一に、自社でする従業員訓練で間に合うのかという問題が発生することである。しかも、「経済人」であるという前提のもとにある企業が、人件費を削減している状況にあって、教育訓練費をどうするのかという選択問題に対峙することになる。また、この「言語化困難」の問題は、従業員だけでなく、利用客にも現れることになると予想できる。たとえ訓練を積んだ従業員でも、自分の感情を言語化できない「お客様」にどのように接するのかということは、従業員のストレスをいかに管理するのかという局面に発展するだろう。果たして、従来どおり、従業員個人の資質としてだけで対処するなら、訓練による熟練従業員そのものを希望退職によって失うこともリスクとして考えられるのである。ここでひとつの形式上の解決策として、「宿泊拒否」を可能とした、旅館業法の改定（令和5年12月13日施行）がなされたのであった。

とはいえ、こうした問題はコロナ禍で産業としての脆弱性を露呈した業界にあって、さらなる試練となることを意味するのである。いまいる従業員を失うばかりか、将来の従業員の採用にも多大な影響を及ぼすことだろう。

「経済人」の発想なら、賃金（報酬）上昇で対処するしかないであろう。しかし、一方の「経済人」の費用削減の立場から、極めて判断が困難なジレンマとなるに違いない。

すると、ほぼ全産業でMTPを取り込んでいるマレーシアの事例から、その前提に、「人間は感情のある動物」だという発想があることが見え隠れするのである。彼らは、ホスピタリティ産業は他産業よりも企業内昇格が遅いことを認識し、その理由が産業独特の現場訓練に手間と時間が掛かるためであることも十分にわかったうえで、なおかつ、従業員の産業からの卒業も視野に入れな

3.3 マレーシアの事例が意味する警告と未来

がらも、働きやすい環境を提供することが働き手の職業人生にとって幸福になるとして教育訓練を実施している。これは、まさにHR（人間性の回復、人間尊重の精神）の具現化であって、それが職業として選ばれる条件だとしていることを無視できない。逆にいえば、自社や同業から人材が他に流れることも、前提としているのである。このことは、やがてブーメランとなって返ってくることも考慮にあるからできるのだ。なぜならば、たとえ言語化が不得手な相手でもなんとかするという、全産業的な土壌でのMTP普及があれば、「経済人」的な態度ではない解決法を見つけるに違いないからである。

こうしたことを理解すれば、わが国における外国人向け観光マーケット開発（たとえばDMO（第6章の定義を参照）のような）が、業界の発展に寄与するとは到底思えないばかりか、かえってあだとなる毒だといえる。その発想の前提が、「経済人」だからである。ゆえに、戦略的専門家とかデータ管理が必要だとかといった、「HAL9000」を求めてやまないことを正々堂々と厚かましく要求できるのである。しかも、財源のほとんどが公費すなわち税金なのであって、効果が乏しいとわかっているから民間投資資金が集まらないのだ。

すると、我われは、謙虚に、マレーシアの取組みを参考にすべきである。

マレーシアにみられる発想の企業体が、わが国内の同業界に存在しているのかが問われているだけでなく、今後の外国人雇用における重要なファクターとなるのは確実なのではなかろうか。少なくとも、同産業・同業界でマレーシア人の日本での採用にあたっては、彼らから選ばれる条件は、母国での対応をもとにしたものになるはずだからである。少子化による慢性的な、「人手不足」が将来にわたって予想できるわが国で、働き方ではなくて「働かせ方」が問題になっているといえるのである。この意味でも、わが国ツーリズム産業は、工業界と手を組んで、他の産業を巻き込んでのMTP普及を急ぐことが求められている。

【参考文献】
1) 谷口茂（1969）『新しい人間関係管理』名古屋工業大学
2) C. I. バーナード（1968）『経営者の役割』ダイヤモンド社
3) 青木昌城（2020）「古典的産業訓練の重要性」島川崇・神田達哉・青木昌城・永井恵一『ケースで読み解くデジタル変革時代のツーリズム』ミネルヴァ書房
4) セオドア・レビット、土岐坤 訳（1971）『マーケティング発想法』1 製品コンセプトをどうつかむか、ダイヤモンド社、pp.3-4
5) 「帝国ホテル労働組合30年史」編纂委員会 編（1976）『帝国ホテル労働組合30年のあゆみ　窓

第 3 章　手法としての MTP の研究・評価の歴史と展望

　　　大谷石－その光と影と』帝国ホテル労働組合、第Ⅳ期・第Ⅴ期、pp.100-154
6)「帝国ホテル労働組合 50 年史」編纂委員会 編（1996）『帝国ホテル労働組合 50 年の歩み』帝国ホテル労働組合
7) 奥井禮喜（2016）『帝国ホテルに働くということ―帝国ホテル労働組合七〇年史』ミネルヴァ書房
8) 隅谷三喜男・古賀比呂志 編著（1978）『日本職業訓練発達史（戦後編）―労働力陶冶の課題と展開』日本労働協会、pp.37-38
9) 帝国ホテル 編（1990）『帝国ホテル百年史』帝国ホテル
10) リチャード・セイラー、遠藤真美 訳（2016）『行動経済学の逆襲』早川書房
11) ジェシー・ノーマン、村井章子 訳（2022）『アダム・スミス　共感の経済学』早川書房
12) A. B. Noor Diyana & N. Sumarjan (2012) "An overview of management training program in Malaysia hospitality organizations: A dual perspective" A. Zainal *et al*. ed. Current Issues in Hospitality and Tourism: Research and Innovations CRC Press, pp.35-38
　　　https://www.researchgate.net/profile/Salleh-Radzi/publication/328694335_Destination_competitiveness_tourism_performance_and_resident's_quality_of_life/links/5ea1a64ca6fdcc88fc374e1e/Destination-competitiveness-tourism-performance-and-residents-quality-of-life.pdf（2024 年 8 月 1 日閲覧）
13) 酒巻久（2019）「「失敗事例」から学んで、人も企業も育っていく」産業訓練、65(1)、pp.10-15
14) 新井紀子（2018）『AI vs. 教科書が読めない子どもたち』東洋経済新報社
15) 伊藤氏貴（2022）『国語読解力「奇跡のドリル 小学校 1・2 年」』小学館
16) 石井光太（2022）『ルポ　誰が国語力を殺すのか』文藝春秋

第4章　MTPプログラムの構成

　MTP（Management Training Program）の解説にあたって、まずは、MTPでいう「マネジメント」とは、「組織の動かし方」であると定義する。よって、管理職以上の経営（役員）層（総じて「マネジメント層」という）は、「組織の動かし方を心得ている人たちの層」であると、MTPでは想定している。

　MTPをすでに80年ほども継続して実施しているわが国の製造業を中心とした企業では、MTPはマネジメント層の常識とされている。そのため、MTP研修は新たにマネジメント層に加わる、新任管理職のための研修プログラムとして利用されている（図4-1）。

　ひるがえって、これから初めてMTPを（企業）組織へ導入する場合においては、組織ヒエラルキーのトップ層から順次下部階層へとMTPを漏れなくムラなく浸透させることが、組織の基礎をつくる重要な手順である。この意味で、MTPは、決して一般的な「新任管理職研修プログラム」であるという位置付けとはならないので注意がいる。組織の動かし方を、組織運営者たるマネジメント層の全員が統一してできる体制をつくるためには、MTPをマネジメント

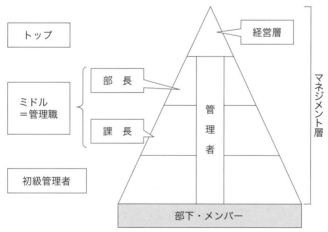

注：初級管理者とは、初めて部下を持った人、あるいは持つ予定の人。
図4-1　MTP研修コースの対象者
（出所：柳沢昌孝（2018）『産業訓練』64(2)、p.10より筆者加筆）

第 4 章　MTP プログラムの構成

層の一致した常識とすることが、何よりも重要であるからだ。この段階を経てから、新任管理職（マネジメント層へ新たに加わる人材）への教育・普及という手順となるのである。したがって、MTP の対象者は図 4-1 のように、マネジメント層すべてといえる。

　振り返ると、日本人の多くは、自分で組織を動かす体験をしないまま成人となる。「自我」が形成されはじめる小学生には児童会があり、中学校に進むと部活動や生徒会、各種委員会の委員を体験するものの、真の意味で自らの意思によって組織を動かす体験をする立場に置かれる者（エリート）は限られたわずかな数しかいない。第 1 章の京都橘高等学校吹奏楽部の事例は、この意味における「エリート集団」そのものとしてリーダーシップの訓練場の紹介なのである。なお、「リーダーシップ」の定義については後述する。そして、いま、わが国で大学全入時代となっていることの意味するものは、特段のリーダーを育てる、ということに直結しないという点でも、「大学教育」の本分として本当は特殊なのである。つまり、最高学府においても一握りの学生しか、組織を動かすことを体験せずに社会人となり、その企業組織なりの内側で組織の動かし方を改めて修得しない限り、一生他人事（いつも指示を受ける側）になりかねない環境に置かれているともいえる。この現状において、本来ならば、全員に義務としたいほど重要な訓練体験ともいえるのが「MTP」なのである。

4.1　MTP の対象範囲

　数ある企業内研修プログラムのなかで、MTP の特徴として第一に挙げることができるのは、教育・訓練すべきことの基底部、土台にあたることである。実際に企業でよく実施されている研修は、図 4-2 にある上部の 2 つの面、すなわち、①組織責任者として共通する能力、②担当部署としての専門的な能力、にほぼ特化していて、基底部にあたる MTP が掲げる、マネジメントに関する基本的、普遍的な考え方、原理、原則、姿勢など、を体系的に学び、訓練される場は少ないのである[*1]。

　別の角度からいえば、専門知識などいわゆる「即効性があって、業務に直接役に立つ」教育研修ばかりに注力しているともみえる。第 3 章で述べた、「人

[*1]　産業史などの視点からの MTP については、島川崇・神田達哉・青木昌城・永井恵一（2020）『ケースで読み解く　デジタル変革時代のツーリズム』ミネルヴァ書房[1]、第 7 章を参照。

4.1 MTPの対象範囲

```
┌─────────────────────────────┐
│      より良いマネジメント      │
└─────────────────────────────┘
             ▲
┌──────────────────┬──────────────────┐
│ 組織責任者として  │ 担当部署としての │
│ 共通する能力      │ 専門的な能力     │
│                   │                  │
│ 人事管理、労務管理、│ 経理・財務、販売、│
│ 予算管理、各種管理 │ 法務、研究開発、 │
│ データからの判断、 │ IT、製造技術など │
│ リスク管理など    │                  │
├──────────────────┴──────────────────┤
│ MTP                                  │
│ マネジメントに関する基本的、普遍的な │
│ 考え方、原理、原則、姿勢など         │
└─────────────────────────────────────┘
```

図4-2　教育研修におけるMTPの位置付け
(出所：日本産業訓練協会、『インストラクター用手引書』p.4「研究する内容」)

間は感情のある動物である」ことを前提とせずに、組織すなわち人間集団を、「経済人の集団」だと決めつけてはいないかと反省させられるのである。なぜならば、「経済人」とした発想の上にある専門知識を、たとえかなりの高いレベルで修得し得たとしても、組織を動かすことが不得手のままならば、何のための管理職（リーダー）なのかということになりかねないからである。

　とかく、教育効果とか研修成果に目がいくのは、費用対効果についての意識が企業経営においてかつてより高まってきたことにある。しかし、第6章で解説するように、これらの研修を、手を替え品を替え実施しても、芳しい効果が得られにくいのは、根幹にある、組織運営における基本的な考え方（組織の動かし方）の浸透なくしては実務として動くはずがない、という当たり前のことに回帰するからではないかと考えられる。そのため、製造業を中心にした多くの企業がMTPを絶やすことなく継続的に80年近くも実施しているのである。

　MTPは、製造業向けに設計されているのではないか、との誤解がよくある。しかし、図4-2をみれば、特定の業界向けということはないし、むしろその普遍性ゆえに、あらゆる組織に有効な教育訓練だと評価されている。なお、ツーリズム産業に特化することを踏まえた試案を、本書第6章で特記している。

　MTPの普遍性については、たとえば学校の部活でも町内会や自治会の運営でも、それが組織（共通の目的と目標がある人間集団）であれば、どこでも活用されうることを示している。中学・高校などで地域のトップ以上の成績を目指している部活動では、顧問の指導力もさることながら、生徒間における集団

第4章 MTPプログラムの構成

のマネジメントに加え、構成員の個々人が自主的に自己マネジメントを実施している。これは、当事者たちが意識していなくとも、「常勝」とか「手ごわい」といった評価のチームには必ずみられることである。逆に、どんなに専門に長けた指導者を迎えても、組織マネジメントに失敗したら、本来あるはずの実力が発揮できないことも起きる。

　これは、「組織」という人為的につくられた人間たちの心理状態で決まるのだが、そもそも「組織とは何か」を定義すれば、自ずと解明できることである。近代経営学の始祖のひとり、チェスター・バーナードが、『経営者の役割』で示している[*2]。組織とは、「2人以上の人びとの意識的に調製された活動または諸力のシステム」である[*3]。つまり、その組織の、組織目的や目標を達成するには、組織自体を構成員同士で意識的に調製し続けなければならないのである。この調製活動にあたるのが、企業であれば、「管理職」や「マネジメント（職）」と呼ばれる人たちの役割となる。先の図4-1に示す、「MTP研修コースの対象者」こそ、トップ（経営層）から、初級管理者までの「マネジメント職」となっていることに注目すると、MTPが「新任管理職向け」に特化しているということも、誤解として挙げることができる。

　また図で、「経営層」の下に、「管理層」とあるから、MTPは経営層を対象としていないとみるのも誤解である。日本企業では、管理層の社内昇格によって経営層が構成されるのが慣習なので、管理層のうちにMTPを修了して経営層になるのが実際である[*4]。

　こうして、経営トップから初級管理者までの全員がMTP受講経験者とすれば、企業文化や風土づくりにも大きな影響を与えるのも当然である。それが、

[*2] Chester Irving Barnard (1938) The Functions of the Executive, Harvard University Press. 邦訳は山本安次郎 訳（1956）『経営社の役割』ダイヤモンド社[2)]。なお、本邦におけるバーナード研究の第一人者だった、飯野春樹による解説（1979）『バーナード経営者の役割』有斐閣新書が定評ある入門書となっている。

[*3] 青木昌城（2015）『「おもてなし」依存が会社をダメにする―観光、ホテル、旅館業のための情報産業論』文眞堂[3)]。2章、サービス品質2、うまい働き方、pp.103-116。同電子版（2022）ディスカヴァー・トゥエンティワン。

[*4] 日本産業訓練協会は、1955年に設立された。同協会によれば、MTPの受講者数は、100万人を超えている。この数は、協会が直接実施したもので、公認インストラクターは約4,000人おり、彼らが社内講師となって行われた研修を受講した人数は計り知れない。その膨大さは、MTPが普及している製造業の管理職数の累計を推し量ってみても容易に想像がつく。すると、ツーリズム産業の利用客の中に、MTP受講者が多数存在していることも類推できるのである。

新入社員を含めた、「部下・メンバー」にも、無意識のうちに、日常から組織マネジメントを体得させる環境となるのである。

以上から、図4-2のとおり、①組織責任者として共通する能力、②担当部署としての専門的な能力、とに絞り込んだ研修を重点的に実施しても、効果が実感できない理由の一部がみえてくる。組織の動かし方を知らない「マネジメント職」による停滞なのだと仮説を立てることができるし、また、わが国製造業の生産性がいまだに世界水準を維持していることの理由ともみえるのである。

このように、MTPは、組織運営における縁の下の力持ち的なものであるから、ふだんの企業活動では目立たない。けれども、縁の下の力持ちが存在しない組織は不安定で、求心力も弱いはずである。よって、業績に直結するのも当然なのである。これを、第1章のインタビューにて、キヤノン電子の酒巻氏は「課長職」の重要性として指摘している。

本書は、MTP未導入のツーリズム産業界をターゲットにしている。「先ず隗より始めよ」の故事に倣って、以下の解説をご覧いただければ幸いである。

4.2　MTPの骨格構造

MTPの最終的な目的は、組織のメンバーが個々にもっている「暗黙知の共有・可視化」である。このことを通じて、組織目的や組織目標を達成させることが可能となる。すなわち、リーダーの個人的な資質に依存するのではなくて、組織全体が同じ言語・態度で動けるようなノウハウの提供にほかならない。ここでの「言語」とは、定義されているMTP用語の共通認識のことを指し、「態度」とは、MTPが定めるリーダーがとるべき態度のことを指す。こうした「言葉の定義」がトップから管理職まで一貫していることが職場環境を形成し、そこにトップのパーソナルな人格や方針が関わって、「社風」へと発展するのである。そのため、MTPでは授業とも講義とも勉強ともいわず、「研究」という。マネジャーの仕事は、どんな組織であれ、人を通じて行われるからでもある。

本書では、日本産業訓練協会が作成している、『MTP　第13次修訂版』[*5]に基づいて、また同協会の協力のもと、以下にその構造を解説する（図4-3、

＊5　MTP最新版は、2023年11月に『第13次修訂版』に改訂されている。なお、2024年春より、「第14次版」の策定作業が開始されているのは、「不易流行」の考え方によって、常に時代の動きを捉える努力がされているからである。

第4章　MTPプログラムの構成

図4-3　マネジメントの6つの面
(出所：日本産業訓練協会MTPシート集シート6)

4-4)。

　MTPは大きく6部で構成され、各部は「セッション」と「節」からなり全体は14セッションで成立している。図4-3に示した通り、第Ⅰ部は全講義の基礎となる知識の共有化を目的としており、第Ⅱ部と第Ⅲ部、第Ⅳ部と第Ⅴ部は、前者を「主として仕事の側面」、後者を「主として人間の側面」として、いずれも人間の深みの探究を進め、最後の第Ⅵ部をもって各部で習得したことの集大成をなす構成となっている。ハンバーガーに例えれば、バンズにあたる第Ⅰ部と第Ⅵ部に挟まれて、中身にあたるのが、「主として仕事の側面」と「主として人間の側面」である。そして、あくまでもMTPを業務に直結しようとする目線からしたら違和感をもつのが、その中身の順で、「仕事の側面」よりも「人間の側面」を後にしていることも、よくある専門知識を追うのとは異なる、MTPならではの設計となっていることに注意したい。「仕事」は、「人間」あってのことであり、その人間こそがマネジメントの対象なのであるという思想が貫かれているのである。

　MTPの訓練日程は、1日7時間、4日間、合計28時間で終了するようにできている。全編にわたっての研究では、3つの約束を参加者に要求している。
　①　積極的に参画する（発言）
　②　他者の意見を傾聴する（聴く）
　③　適用・実践

　研究中の受講態度としての約束であるが、最後の「適用・実践」は、職場に戻ってからのことでもある。何のためのMTPかを問えば、あくまでも実務での応用ができる管理者育成なのだ。

4.2 MTPの骨格構造

コースの概要

第Ⅰ部 マネジメントの基礎
第1セッション マネジメントの基本的な考え方
- 第1節 マネジメントとは
- 第2節 マネジャーの立場と役割
- 第3節 マネジャーの基本的な姿勢

第2セッション マネジメントと人間行動及び組織
- 第1節 人の行動の理解
- 第2節 人の欲求
- 第3節 組織における人の行動

第Ⅱ部 マネジメントプロセス
第3セッション 計画
- 第1節 計画の理解と基準の考え方
- 第2節 計画の立て方
- 第3節 目標による管理と自己計画

第4セッション 指揮・命令(指示)
- 第1節 仕事の割当
- 第2節 命令の与え方
- 第3節 役割認識の統合
- 第4節 権限の委任
- 第5節 状況の共有と自己指令

第5セッション 統制
- 第1節 統制とは
- 第2節 報告の活用
- 第3節 自己統制

第6セッション 調整
- 第1節 調整とは
- 第2節 話し合いによる調整
- 第3節 会議による調整
- 第4節 統合による調整
- 第5節 マネジメントプロセスとコミュニケーション

第Ⅲ部 問題解決とリスクマネジメント
第7セッション 問題解決の基本
- 第1節 問題と問題意識及び問題解決の手順
- 第2節 問題解決に必要な情報の活用
- 第3節 問題解決に必要な創造活動の活発化

第8セッション 仕事の改善の実践
- 第1節 職務配分研究
- 第2節 職務充実
- 第3節 仕事の方法の改善

第Ⅳ部 信頼関係の形成
第9セッション 欲求不満への対処と態度の啓発
- 第1節 欲求不満
- 第2節 欲求不満への対処
- 第3節 人の態度
- 第4節 態度の変容
- 第5節 態度変容のための話し合い方

第10セッション 人をめぐる問題の解決
- 第1節 人をめぐる問題の解決方法
- 第2節 人をめぐる問題の解決方法の適用

第Ⅴ部 育成と啓発
第11セッション 育成の考え方
- 第1節 育成の責任
- 第2節 育成の進め方
- 第3節 学習と学習援助の原則

第12セッション メンバーの育成
- 第1節 正しいスタート
- 第2節 日常の指導
- 第3節 自己啓発

第Ⅵ部 良いマネジメントの実現
第13セッション リーダーシップ
- 第1節 リーダーシップとは
- 第2節 リーダーシップのスタイル
- 第3節 マネジャーの時間活用

第14セッション マネジメントの展開
- 第1節 集団の特徴とその力の活用
- 第2節 組織の活性化
- 第3節 適切なマネジメントの実践

図4-4 コースの概要
(出所:日本産業訓練協会『インストラクター用手引書』p.6)

4.3　各部の解説

以下に、日本産業訓練協会によるMTPの各部についての解説を行う。その後、防衛研修所が1961年に発刊した小冊子（読本）『MTPを中心とした経営管理の技術』[*6]を底本として、ポイント解説を試みる。

(1)　第Ⅰ部　マネジメントの基礎

　何事も基礎が最も重要である。ここでは、「マネジメントとは」、「マネジャーの立場と役割」、「マネジャーの基本的な姿勢」についてまずは確認しながら研究する。これらには、受講者が企業人であれば、参加者にとって自身が所属する組織の目的＝経営理念、組織の目標＝達成されるべき経営計画（あるいは「予算」）が有効に存在している、ということを前提にしている。当たり前に思えるが、ツーリズム産業でどれほどの企業が、これらの前提にきっちりと対応しているのかが、いきなり問われている、ともいえるのである[*7]。

　経営理念や経営目標の達成のために、「人材を含むあらゆる経営資源を用いる」ことが、マネジャーの業務そのもの、というのが基本的なマネジメントの定義であり位置付けなのである。それゆえに、上位概念たる経営理念や経営目標が曖昧なままの組織で、方法論だけの教育研修を実施しても成果があがらないのは、当然といえば当然なことだと受講者は認識することとなる。これが、前述したMTP未導入企業における「導入手順」の注意とも深くつながる。

　さらに、マネジャーが自身の組織目標を達成するための「発想支援」に、全部で6段階ある科学的アプローチがあることを学ぶ。この科学的アプローチこそ、MTPを貫く最も基本にして重要な方法論[*8]である。

　人を研究するMTPの次の基本は、人の行動の理解を、「欲求」を基軸にして研究することにある。それは、マネジャー自身の欲求もしかりだが、組織メンバー一人ひとりの欲求の把握は組織運営上欠かすことができない基礎情報なのだ、という認識の醸成である。結局のところ、「人間は感情のある動物」な

[*6]　防衛研修所は、1985年に防衛研究所に改称されている。
[*7]　前掲、青木（2015）、3　実務の組立、図3-1-1経営戦略を構造化する　理念系、図3-1-2　顧客系　を参照のこと。
[*8]　科学的アプローチの6段階とは以下のとおり。①目的を明らかにする、②事実をつかむ、③事実について考える、④実施方法を決める、⑤実施する、⑥確かめる。

のだという「ホーソン実験」の成果が、MTPを構成しているのである。

(2) 第Ⅱ部　マネジメントプロセス（主として仕事の側面）

　第Ⅱ部はマネジメントプロセスについてである。また、続く第Ⅲ部の内容は問題解決とリスクマネジメントであるが、これらを「主として仕事の側面」として括っている。これは、「業務の編成体」としての組織運営を研究するからである。

　MTPでいう、「マネジメントプロセス」（図4-5）は、一般的な教科書が、「マネジメントサイクル」あるいは、「PDSサイクル」、「PDCAサイクル」[*9]としているのとは視点が異なっていて、あくまでも主語は「マネジャーが」を起点としている。つまり、マネジャーが行う組織目標達成のためのプロセス、のことをいうのである。

　マネジャーは、過去の実績や経験に組織目標を加味して、「計画」を立案する。その計画が組織で承認を得れば、指揮・命令によって実行し、さらに統制を行いながら達成を図るのだが、図4-5のとおり、これらのサイクル（輪）には、その中心に「調整」というハブ機能が描かれている。計画時であろうが、指揮・命令を行うときであろうが、いつでも「調整」が行われるのが組織運営の実務である。MTPでは、特にこの調整を重視している。たとえば、何か職場でトラブルが生じたときにいう、「調整不足」とは、まさにマネジメントプロセスにおける「調整の不足が原因なのだ」という表現なのである。

　また、命令についてのMTPの考え方で、「状況が命令する」という概念が重視されている。人は、遭遇した状況に応じて対処する能力をもっている。たとえ本人にとって不本意であろうが、与えられた状況がこれを許さず、「自己指令」によって解決するように自己を統制・制御するのである。すなわち、MTPでは、メンバーが状況を共有することで、自ら動き出すように仕向けるのである。この「自己指令の実現」こそが、第Ⅱ部のマネジメントプロセスにおける究極の目的なのである。

　さらに、ハブにおける「調整」においては、それぞれのプロセスにおける解決策として第三の道を探る「統合による調整」が理想とされる。これについては、後述する4.5『細うで繁盛記』からMTPを解説する、にて事例解説する。

[*9] 前掲、青木（2015）、3　実務の組立、(3)維持期を参照のこと。

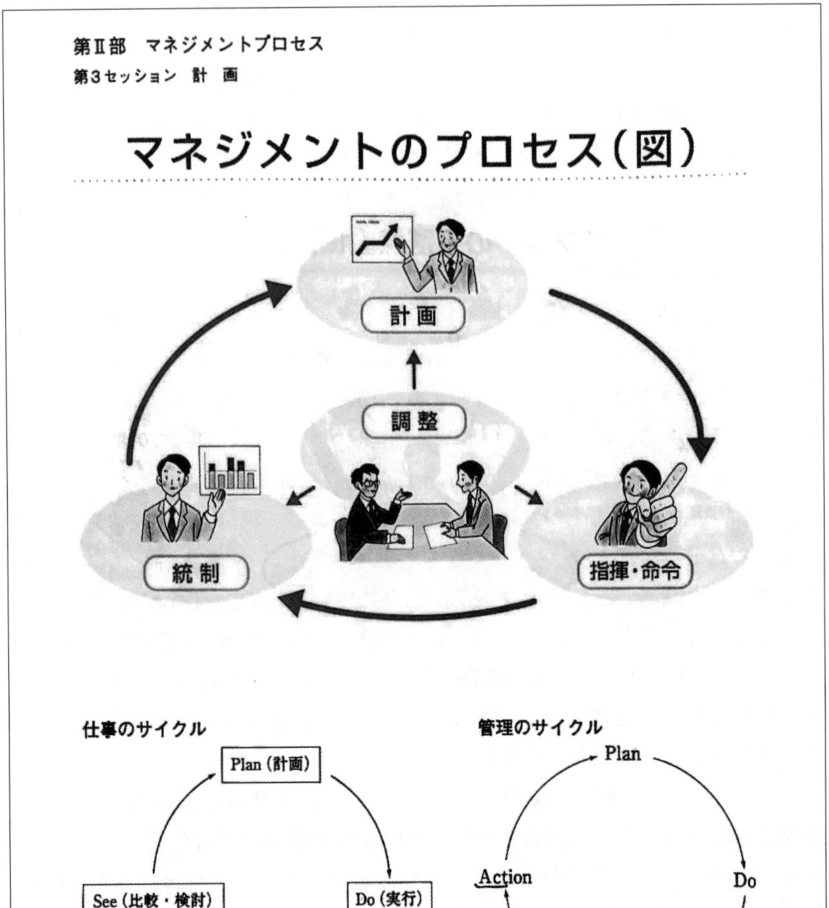

第4章 MTPプログラムの構成

第Ⅱ部 マネジメントプロセス
第3セッション 計 画

マネジメントのプロセス（図）

仕事のサイクル
- Plan（計画）
- Do（実行）
- See（比較・検討）

・自分で業務を行う場合のサイクルである

管理のサイクル
- Plan
- Do
- Check
- Action

(1) ここで言う「管理」の英訳は"Control"である
(2) デミング・サイクルともいう
(3) 元々は、品質管理（QC）のサイクルであった

図4-5 マネジメントのプロセス
（出所：日本産業訓練協会 MTP シート集 シート21）

(3) 第Ⅲ部　問題解決とリスクマネジメント（主として仕事の側面）

　MTPで扱う「問題」には、3タイプある。①火消し問題（見える問題）、②発見問題（探す問題）、③予測問題（創る問題）のことで、これらの解決には、それぞれの問題タイプに即した方法を考える必要がある。このことを、MTP導入企業にあてはめて考えると、先述した、MTPをトップ層からマネジメント層の常識レベルにする手順のことを例にすれば、組織内で起きている「とある問題のタイプ」を、これらマネジメント層でムラなく共通認識できる状態にあるか、あるいは、そのような状態にないかの違いだけで、組織自体の問題解決能力に格段の差が生じることを意識したいのである。また、そのような状態にないのに、MTPを新任管理職研修でいきなり導入した場合、新任管理職という組織の一部だけが、問題をタイプ別に解決しようと図っても、その上司たるマネジメント層の常識に至っていない場合にどうなるかということは、それこそが「予測問題」となってしまうのである。すなわち、意思決定にかえって不協和音を生じかねない。

　あらゆる組織は、問題解決を業としている。それは、目的や目標の達成にあたって、難易度あるいは達成のレベルが高いほど次々と問題という障壁が発生するからである。そのための問題解決や、発生するリスクに関しての対処法を研究しつつ、議論は職務配分に及ぶ。一般的に、マネジメントサイクル（PDCAサイクル）において、メンバーへの職務の割当は、「D：Do」の部分だけが改善等の対象になる。たとえば、コピー取りだけだった者に部署内会議の議事録を書かせるようにするなどのことで、これをMTPでは、「職務拡大」という。しかし、自己指令の実現が究極の目標であるMTPでは、「Dだけ」から、「PDCAサイクル」全般についてもメンバーに自主的に行わせることが要求され、これを「職務充実」と呼ぶ。よって、マネジャーには、メンバーが行う「職務充実」で発生する障害除去こそが職務となるのである。

　マネジャーにとって、障害除去すべき障害とは、メンバーの心理的なもの（新しいことへ挑戦する不安）と、組織としての制度的なものとに分類できるので、マネジャー自身の「PDCAサイクル」として、これらの対処がそのまま課題になるのである。

(4) 第Ⅳ部　信頼関係の形成（主として人間の側面）

　組織は、業務の編成体であると同時に、「人の編成体」である。そして、そ

第4章 MTPプログラムの構成

の「人」とは、まさに感情のある動物なのである。そこで、第Ⅰ部で研究した、「人の欲求」の先にある、「欲求不満」および「欲求不満行動」の研究を第Ⅳ部では柱に置いている。

マネジャーとして、メンバーとの人間関係（信頼関係）の構築は、職務として極めて重要であることは無論だが、マネジャー自身にも人事異動があるために、欲求不満や欲求不満行動を起こしてしまっているメンバーへのケアを、場合によっては後任者にも託す必要がある。この点においても、MTP導入企業では、速やかにマネジメント層の全員にMTPを浸透させることが求められるのである。それは、後任のマネジャーが無知であったとして済まされることではないし、ハラスメント発生のリスクを踏まえても重要なことである。人を巡る問題は、組織内のローカルなことだけでなく、法整備も進み、現代的な社会問題にもなっているために、いまでは組織運営の基本的な知識としても重みを増している。ここでも忘れてはならないのは、MTPにおける位置付けは、全体として眺めればあくまでも、組織目的・目標の達成にあることである。

⑸ 第Ⅴ部　育成と啓発（主として人間の側面）

組織として、人材育成の成否は、死活問題といっても差し支えないほどに重要であるが、ツーリズム産業における人材育成がどれほど（口では）重視されていようとも、残念ながら自信をもって成功しているとは寡聞にして知らない。MTPでいう育成には、マネジャーによる不断の努力として、メンバーの能力の充実・強化・成長にコミットすることが要求されていることでもわかるとおり、意識的で正しい日常管理がないと到底できないからである。

第1章で高校生の部活を挙げたのは、中学から進学してきた1年生が、たった3年で「定年」を迎えるのに、しっかりと後進が育成されて、これが継続していることの凄さを強調したかったからでもある。そして、高校生とはいえ当事者の言葉の端々から漏れてくる言葉には、まだ見ぬ現役中学生への想いまであるのだ。筆者には、環境から得られた「育ち」が浮かんだし、MTP的にいえば、まさに「状況が命令する」の実例であろう。さらに、キヤノン電子酒巻会長が「入社して早い時期から鍛える」というように、組織全体で新入社員に「よい行動習慣を身に付けさせる」努力がされているといえる。第3章でのマレーシアの事例も同様なのである。

育成の最終目的にある姿も、「自己指令の実現」である。マネジャーはメンバー

を、このような方向に仕向ける役割があるのだ。

(6) 第VI部　良いマネジメントの実現

MTPにおける「仕上げ」である。

これまでの研究は、すべて「良いマネジメントの実現」へ向けたものであった。すなわち、MTPにおけるマネジメントの定義に従えば、目的や目標を確実に達成できる組織づくりの実現を意味する。そのために、ここではじめて、リーダーシップについて研究する。

MTPで、リーダーシップとは、次のように定義されているので、味わって読んでいただきたい。

> 組織のリーダーとしてのマネジャーが、特定の目的を達成するために組織目標を明示し、メンバーの一人ひとりに達成すべき任務を与え、かつ、メンバーに任務達成のために働きかけ、「影響力」を及ぼし、また、彼らの欲求・期待に応えつつ十分な動機づけをし、組織を効率的に運営し、その目的実現に努力するプロセスであり、結果の良し悪しが大切なもの。

リーダーシップ実現のための「仕掛け」が、①マネジメントプロセス、②問題解決とリスクマネジメント、③信頼関係の形成、④育成と啓発、であった。これらのためのマネジャーの態度として「傾聴」が重視されるのも、相手が人間（感情ある動物）だからなのである。

そして、組織には4段階の成熟度の違いがあるために、マネジャーは成熟度にあわせたマネジメントを行う。

また組織には、フォーマルな組織（組織図：公式）と、インフォーマルな組織（非公式）があって、特にインフォーマルな組織において「社内・外の人脈」が形成されることにも注意がいる[*10]。マネジャーは、こうしたインフォーマルな組織を無視できないし、組織風土の活性化（阻害要素となる可能性）について気を配る必要がある。

[*10]　J. K. ガルブレイス、都留重人監訳（1968）『新しい産業国家』河出書房[4]。企業内の「テクノストラクチュア」と呼ぶ、専門家・社内官僚が、インフォーマルな組織を形成して、経営そのものを乗っ取ることに言及している。昨今の企業不祥事の原因のひとつとして参考になる。

以上、MTP の構造を俯瞰した。一貫して、マネジャーとしての能力向上に努めることがリーダーシップの向上となるのだと理解できるだろう。

マネジメント能力は、国が違っていても、時代が違ってもほぼ同じである。自分のリーダーとしての強み・弱みを知り、強い意識をもってマネジメント能力とその基礎を伸ばすことが望まれる。

4.4 『MTP を中心とした経営管理の技術』を読む

(1) 冊子の概要

『MTP を中心とした経営管理の技術』*11（図 4-6）は、1961 年に発刊された全 22 ページの小冊子で、「読本」とある。全体は次のような構成になっている。

1　新時代の経営
2　管理者の能力
3　管理する技能
4　作業指導の技能
5　作業方法改善の技術
6　人事関係をよく保つ技能
7　結び

本節では改めて、MTP の応用例として本書を参考に解説を加えたい。

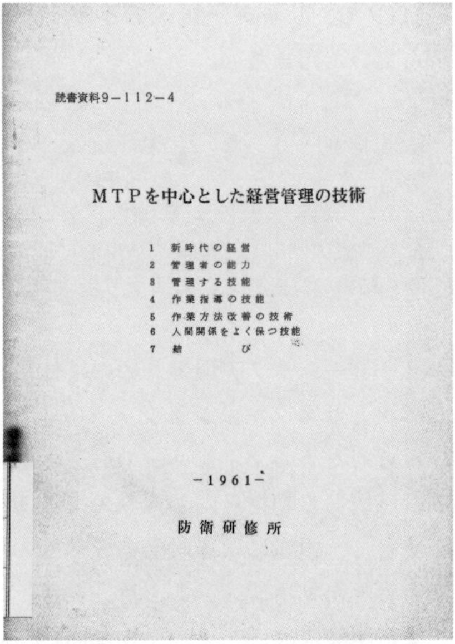
読書資料9－112－4

MTPを中心とした経営管理の技術

1　新時代の経営
2　管理者の能力
3　管理する技能
4　作業指導の技能
5　作業方法改善の技術
6　人間関係をよく保つ技能
7　結　び

－1961－

防衛研修所

図 4-6　『MTP を中心とした経営管理の技術』表紙（国立国会図書館蔵）

(2) 各部の解説

本書の発刊理由等は不明であるが、あたかも現代のツーリズム産業にあてはまる文章が冒頭からはじまる。

＊11　防衛研修所（1961）『MTP を中心とした経営管理の技術』[5]。唯一、国立国会図書館に蔵書がある「奇書」である。防衛研修所は、1952 年に保安庁に付属した「保安研修所」が、1954 年に防衛庁・防衛研修所となり、その後、1985 年に防衛研究所に改称されて現在（防衛省管下）に至っている。全 22 ページで、「読本」とあるが、発行目的などは不明である。

4.4 『MTPを中心とした経営管理の技術』を読む

> 1 新時代の経営
> 　企業の目的は、本質的には、経済的価値の造出と配分、および、関係者すべてに「働く場」を提供し、資本提供・投資の場であります。
> 　ここで言う経済的価値の造出と配分は、お客を対象とするもので、お客の存在を第一義的に考えない業の存在はありえないわけであります。
> 　この意味において、新しい時代の経営に対する考え方は、つぎのように要約できます。
> (1) 社会公共の福祉に貢献する
> 　事業は、社会公共の、文化的、社会的、経済的水準を向上することを内容としたものでなくては、所詮、その永続的な存在はできません。
> (2) お客の利益を第1とする
> 　造出された経済的価値は、端的に言って、お客を対象とするものであって、お客の満足をうるような運び方をしなくては、相手にされないことは自明の理である。したがって、すべての努力は、お客に対するよきサービスの提供であり、お客の利益を第一とするものであるべきである。
> (3) 利益はサービスの報酬である
> 　お客に対して完全なサービスを捧げるならば、お客は満足することであろうし、お客が満足するならば、その努力に対しての感謝の報酬を与えるはずである。その感謝の報酬を内部的に言えば利益と言ってもよかろう。

　この記述は、MTPの基本、科学的アプローチでいう、「目的を明らかにする」ことである。いわば、企業経営の目的を記述したものだ。

> 2 管理者の能力
> 　企業の業績は社長の能力以上には出ない。という言葉があります。この言葉と同様に、各部の業績は部長の能力以上にはならないのであるし各課の業績も各課長の能力以上にはならないのである。つまり、高い能力があれば、高い業績となるし、低い能力であれば低い業績となる。そこでそれぞれの階層にある経営者も、管理者も、高い能力をもっていなくてはならないということになります。

MTPを導入するなら、トップ階層からということの、厳しい表現であろう。

> 「能力」を分析してみれば、知識と技能とに分けられようが、経営、管理、監督者であれば、知識と技能の外に、指導力ないしはリーダーシップをもつ必要があります。

第4章　MTPプログラムの構成

前節、MTPの構造解説における、仕上げの第Ⅵ部でのリーダーシップが、早くも登場している。

> 能力を向上するためには、訓練と啓発の両方法をとりうるが、どちらが有利であるかは一概に論ずることはできない。
> しかし、啓発というのは、きわめて広い意味をもっているので、啓発の中には訓練という努力も包括されている。

この指摘は、リーダーたるマネジャーがメンバーに向けた「育成」の考え方で、この文では「啓発」に、「自己指令の実現」という意味も含ませている。

> (1) 管理者訓練の目的
> 　① 直接の目的
> 　　　管理の能力を高めることにより
> 　　a. 人を効果的に使い
> 　　b. コストをきりつめ
> 　　c. 生産性をたかめる
> 　② 間接の目的
> 　　a. 日本経済を発展させ
> 　　b. 職場を明朗化する

とかく「直接の目的」だけが議論の的になる昨今であるが、「間接の目的」としてあるこの2項目は、現代的には「目から鱗が落ちる」ような指摘である。マクロでの日本経済は、ミクロでの職場の明朗化なくしてあり得ない、との指摘はその通りであろう。ギクシャクした職場が、生産性を高めるはずもない。そこで、よくありがちな職場における「ボス」について反面教師としての言及がある。

> ボスとなるための7つの条件
> ① ボスは改善を好まない
> 　改善をした新規の事項に対しては自分の未知の分野である関係上、経験をふり廻すことのできない一年生になってしまう。
> ② ボスは規則を平気で無視する
> 　最大多数の最大幸福のために作られているのが規則。その規則を「俺が承知だ。

4.4 『MTP を中心とした経営管理の技術』を読む

> よろしい」と言った調子で、事もなく簡単に無視してしまう。多くの人の迷惑や、組織の目的や使命の達成が阻害されることなどは他人事と承知している。
> ③ ボスは人を客観的、科学的にみない
> 　自分の好悪によって人物評定をしてしまう。したがって鼻髭の動きをよく見分けて、如才なく立廻わる人が一番能力のある人になれる。
> ④ ボスは人に恩をきせる
> 　たとえば、かつて人事係長をしていた当時、面接の結果採用した一人の従業員に対して「この頃スッカリ偉くなったねぇ、俺が採用してやった当時のことは、よもや忘れてはいないだろうね」と言った調子。
> ⑤ ボスは派閥を作る
> 　学閥、同県人、姻戚、私的な親交などによって、特殊なグループを作り、その余勢をかって、公的な目的を牛耳ろうとする。
> ⑥ ボスは公私を混同する
> 　普通一般人ならば当然と思うような事項でも平気で混同する。購買、仕入、納入、会社の事業計画、私的の目的達成のために公用旅行の利用など枚挙にない。
> ⑦ ボスは地位をかさにきる
> 　会社にあれば、あるいは役所にあれば、なるほど部長であるかも知れない。しかし会社外にあっては、一市民に変わりはない。（以下略）

　まさに反面教師としての抽出である。マネジャーとしてあってはならないことを挙げているのは、珍しい。
　次の、「3　管理する技能」「4　作業指導の技能」では、前節の MTP の構成でいう、中身の説明が記述されている。ひとつ注目点は、「代行者を育てるには」の必要性が、危機（リスク）管理の側面から説明されていることである。

> アメリカではこの代行者の育成が重要視されているが、日本でも大いに留意すべき点であって、管理者が事故でいないことがあれば手足を失った人間同様に正常な作業を継続することができなくなる。それゆえに管理者がいない場合、その代理者を日頃育成しておけば生産に支障を来たさないであろう。しかしながら、この代行者を誰にするか、どうして育成するかがきわめて困難な問題であり、管理者としての管理技術上からも、有能な代行者を育てるよう努力しなければならない。

　育成の方法論は、MTP の示す通りである。けれども、育成の必要性について上述のリスク管理に重きを置くのは、コロナ禍の経験からも十分に認識されたことであろう。問題は、漫然とした対応から、「なんとかなった」という結果論とは違って、普段から意識的に育てるという計画と行動がマネジャーに

第4章　MTPプログラムの構成

よってなされなければ、本来の危機管理とはほど遠い状態に組織全体が陥ることの損失発生リスクなのである。またそうした努力が、組織の人材に厚みをもたせ、組織自体を強靭にするのである。

　さて、代行者だけでなく、新入社員の教え方にも言及がある。MTPでは、「新人の迎え入れ」をテーマにしている。事例として後述の『細うで繁盛記』から詳細を紹介する。また、第8章では、MTPとは兄弟姉妹にあたるTWI (Training Within Industry) について、医療現場の事例を紹介し、TWIによると思われる「新従業員の教え方」について確認する。この点を特に取り上げるのは、ツーリズム産業でのやり方が、指導員として選任された「先輩」の個人指導という側面に重きがあると思われる反省があるからだ。MTPやTWIは、あくまでも科学重視なのである。

> 作業教育の目的は、はやく、正確に、良心的に、しかも安全に仕事を果す能力を伸ばすにある。

　製造業と違って、接客要素が加わるツーリズム産業では、「はやく」、「正確に」、「良心的に」「安全に」の意味が、がぜん広くなる。たとえば、工場現場での安全と、パッケージ旅行商品の安全は、チェックポイントの量だけでも雲泥の差になる。販売の場での安全とは次元が異なるのである。

> 教え方の4段階
> (イ)　被訓練者の気分を和やかにして、学ぶ気持ちをおこさせる。
> (ロ)　要点を強調しながら、実際やって見せる。
> (ハ)　やらせてみる、辛抱強く間違いがあったら直し、要点を言わせながらやらす。
> (ニ)　徐々に手を抜き、遂には自分一人でできるようにする。補習指導の手を抜かぬようにする。

　なお、TWIのモットーには、相手が覚えていないのは自分が教えなかったからだ、という思想があって、指導員はこの言葉を胸に新人教育にあたっている。教えることは立派な業務なので、その成果を出さない限り、仕事をしたことにならないのである。

　次の、「5　作業方法改善の技術」「6　人事関係をよく保つ技能」の内容は、

MTPにおける「主として仕事の側面」と「主として人間の側面」である。

ここでは、「技術」と「技能」の違いについてMTPにおける定義を示す。

技術：やがて知識になるもの　➡　客観的
技能：人間の能力・行為　　　➡　主観的、経験で築き上げる

これに、新人においては、「執務態度」を修得させることが肝要である。

以上、60年以上前の冊子にある内容をトレースした。前述の通り、現在、日本産業訓練協会が正規に実施するコースは、4日間で28時間である。世界トップクラスの生産性を維持しているわが国の製造業界が導入して約80年、その威力は目立たないが、確実に組織運営の基礎をなしている。

4.5 『細うで繁盛記』からMTPを解説する

放送当時、まさに一世を風靡したのが、いまや伝説的テレビドラマのひとつ、『細うで繁盛記』である。超売れっ子の劇・放送作家であった、花登 筺の小説『銭の花』[*12]を原作としたドラマである。

放送は、1970年1月から翌年4月までと、続編が、1972年1月から翌年3月、さらに、『新・細うで繁盛記』として、1973年8月から翌年2月まで全3シリーズが制作された。

『細うで繁盛記』とは、大阪から伊豆に嫁いだ嫁が、一代で内風呂もない貧弱な湯治宿（食事と寝室を提供するだけ）から、ちょっと前までの温泉ホテル・チェーンを作り上げた成功譚である。この物語の時代設定は、主人公「加代」が大正13年生まれで、いわゆる「昭和」を通じたもので、石油ショック直前の高度経済成長期まで、となっている。主人公が裕福に育ったのが大阪難波を代表する高級料亭で、その客筋が船場の旦那衆、今でいえば富裕層ばかりであった。それが、火災や戦災やらで、底辺も底辺、どん底までの没落をしてからの話となっている。

本作は、旅館経営という面に注目すると、MTP解説となる豊富な題材がち

[*12] 花登筺『銭の花』[6]は、はじめ静岡新聞夕刊に連載された小説で、その後、講談社からソフトカバーで全10巻、ハードカバーで全7巻が刊行された。刊行は1970～1973年。

第4章 MTPプログラムの構成

りばめられている。そこで、この作品自体のストーリーを知らなくとも、「MTPがわかる」ことを主として、「切り取る」ことをあえて行い、読者の参考としたい。なお、ここでは特に、第3章で触れたテイラーとバーナードの間にあった、経営哲学者、メアリ・パーカー・フォレットが生涯をかけて提唱し続けた「統合」にフォーカスした[*13]。これは、前節で紹介したMTPを、「かつての旅館あるある」からの紹介という意味合いを込めており、「マネジメントプロセス（計画⇒指揮命令⇒統制という循環する輪の中心＝ハブにある「調整」）」における、管理職が行う高次な対応の事例集としたものだ。

(1) 第一印象と新人の迎え入れの失敗

人間には欲求（MTP第Ⅰ部、第2セッション・マネジメントと人間行動及び組織、第2節・人の欲求）があり、その欲求が達成されないときに、欲求不満となって、さらに欲求不満行動（第Ⅳ部・信頼関係の形成、第9セッション・欲求不満への対処と態度の啓発）をもたらす。このメカニズムをじっくりと学ぶことになっているのは、本書前節におけるMTPの構造で解説した。

しかし、この訓練プログラムの順番通りとはいかないのが、現実の世界だ。MTPでの後半の第Ⅴ部、第12セッション・正しいスタートにあたるのが、知らない人との出会いという形での日常である。

『細うで繁盛記』にもさまざまな出会いがある。自分も一個の人間とすれば、最初の出会いは親であり家族であろう。そしてまた、嫁いだ先にも知らない人との出会いがある。

出会いは、MTPでも第一印象の重要性をいうのだが、どんな光景を作家は書いたのだろうか。

> 「ごめんやす」
> 家の中は、がらんとしていた。
> 「ごめんやす」
> もう一度、大きな声をかけて見た。奥の方の部屋から、
> 「客だぞ！　誰か居らんのか」

[*13] 三戸公（2002）『管理とは何か』[7)]、Ⅱ 管理の真髄－ M. P. フォレット、pp.97-140、および、M. P. フォレット（1972）『組織行動の原理』[8)]。『組織行動の原理』は、近代経営学の母と呼ばれ、経営哲学者として有名なフォレットの主著である。テイラーの「精神革命」を発展させたのが、彼女の「統合」理論であって、MTPの理論的柱となっている。

4.5 『細うで繁盛記』からMTPを解説する

> しゃがれた声が聞こえると、裏の庭から土間伝いに、下駄の音がして、二十歳位の娘が顔を出した。もんぺ姿に、えんじがかったセーターの毛糸が、ほつれていて、面長の色の浅黒い眼に険のある娘だった。
> 「おいでなさって」
> 娘は、年の割りには、老けた声を出した。手を泥で汚しているところを見ると、野菜でも洗っていたのか。
> 加代は、この女を、宿の女中かと思った。
> 「泊りですか」
> 娘は、加代をじろりと見た。
> 「いいえ、大阪から来た加代でございますけど」
> 「……加代……」
> 娘は、一瞬、加代を見つめるとあわてたように上がり框に飛び上がると、奥へ駈けて行った。
> 「お父さん！」
> そう叫ぶように呼ぶ声を聞いて始めて加代は、その娘が、この家の二人の娘の姉の正子だと分かった。
> だがそれにしても、何と無作法な娘であろうか。
> 脱ぎ捨てた下駄は、五坪ほどの土間に飛んで、片一方は、裏返っていた。
> いや、それよりも、嫂(あによめ)となる女に、初対面の挨拶もしないで行った娘のいるこの家庭を、まざまざと見せられたような気がして、加代の心は暗かった。
>
> （花登筺 (1970)『銭の花 上』、嫁ぐ日、pp.53-54）

　続いての場面は、義理の妹となったばかりの春江が女学校で同級生に暴行をはたらいてしまうが、その家は網元であった。その網元に配慮した魚屋が、加代が嫁いだ旅館・山水館に魚を売らないというので、網元の家まで詫びをしに行ったときの初対面である。

　娘に酷いことをされた母親が先に逆上して、使用人でもある漁師の前で春江につかみかかる。そこへ、主人の網元・中川が登場する。加代はその姿形や態度から、中川が豪放な男であるとみた。そこで魚の仕入れができるように頼むと、中川はあやまりに来たというのに商売の話をする加代をいぶかる。しかし、同行した春江の姿もみせて「子供の喧嘩」であり商売の話は別だと言うと、中川の態度が弛んだ。この当時は、子供の喧嘩に親が出ることを、子供が嫌がりそれを知る親も遠慮するのが普通だったからである。事情を悟った中川は、配下の漁師に命じて加代の商売に必要な伊勢エビをたくさん持たせる。このとき、使用人でもある漁師はけげんな顔をして中川をみる。中川は、子供の喧嘩が原

第4章　MTPプログラムの構成

因で商売の邪魔をしたと地元界隈で評判になることは、網元としてデメリットだとも判断したのである。

こうして加代は、持ちきれないほどの海老を抱えて帰路についた。

> 「こころの中で、人に対するときは、つくりごとをしてはいけないと言い聞かせていた。中川に対しても、自分の思ったことを、ズバリとぶつけたからこそ、中川は、判ってくれたのではないか、そう思った。
> だが、あの中川が、太っ肝な男であったからこそ、それが成功したのではあるまいか。」
> 　　　　　　　　　（花登筺（1970）『銭の花　上』、嫁の座、pp.204-207から要約・引用）

そして、加代は一代で大阪の名料亭を築いた祖母の言葉を思い出す。

> 「お医者には裸になっても、あんまには裸になれん」
> 同じ療養でも、治療と療治は違う。つまり裸になるには、相手を見てなれと言うのである。あの中川は、太っ肝な男だったから、その裸は通用した。つまり中川は医者だったのである。
> （人を見る目はむずかしい）
> 　　　　　　　　　（花登筺（1970）『銭の花　上』、嫁の座、pp.204-207から要約・引用）

以上、2つのエピソードから、リーダーたるマネジャーは新入者の迎え方としてどうすべきかを考えると、最初のエピソードでは、「受け入れ準備」すらできていないことの失敗例だといえよう。後者は、逆に、子供の喧嘩という前提からの、大人の対応をしているのだが、作家が注意を促したように、人を見る目はむずかしいのである。また、加代からの目線ではなく、漁師たちを束ねる網元＝リーダー、としての中川から、いったい加代はどのように見えたのかも、一考すべきところである。

さて、MTPの目線では、もう一点、マネジャーは外部組織を相手にした交渉人の役割（第Ⅰ部、第2節・マネジャーの立場と役割）もあることに注目したい。たとえ一般職の社員でも、外部の組織人に名刺を差し出して業務を行うなら、自分は自身の組織（会社や職場）を代表しているのである。よって、個人名よりも組織名がその相手先からの評価の対象となっている。このことは、当然に相互関係でもあるので、相手側でも、当方を個人名ではなく組織名での、「社内報告」として上司に告げることとなるであろう。すると、上司として、

4.5 『細うで繁盛記』からMTPを解説する

あるいは企業組織として、「立場と役割」についての教育がなされている上でのことなのか、個人の資質に任せる(いわゆる放任)だけなのかで、ビジネスとしての成否の結果も変わる可能性がある。それを、網元・組織としての使用人だと思われる「漁師」に、「けげんな顔」をさせたのは、作家の言い分として、中川が「何かを考えた」事情がみえていないことの意味の深さの表現も、同時に含んでいると理解すべきだろう。

確実さを要求する組織なら、MTPを迷わず実施するだろうが、普段からリスクをいうのに、何もしない組織は、この意味で意外なリスク(トップに盲従する)にさらされていることにも気づかないのであろう。それがまた、組織人としての「育ち」の良さや拙さにつながるのである。

(2) 自己統制と目的の設定

「関口加代(21歳)」が、焼け野原になった大阪で、没落して絶望的な日常に暮らす環境から逃げるように、「原田正五、大正五年三月十二日生」に嫁いではみたものの、作家が描く物語の設定は、あまりにも過酷であった。

どん底の大阪での生活から、やっと到着した伊豆・熱川での生活も、どん底だったのである。そのどん底ぶりをたっぷり描いた作家は、主人公の加代に、独白させる。

> (何ぞ生きていく目的をもたんといかん)
> 加代は、そう思った。嫁としてこの山水館で、やって行く目的である。
> (花登筺(1970)『銭の花　上』、婚家、pp.121-122)

MTPでは、「目的」と「目標」の違いを、最もはじめの第Ⅰ部・マネジメントの基礎、第1セッション・マネジメントの基本的な考え方、第Ⅰ節・マネジメントとは、で学ぶ。基本の「き」である。

その違いは、文字どおり、「的」と「標」とで表されている。「的:まと」は、到達点を指す。また、「標:しるべ」とはつまり、「道しるべ:道標」というように、中間にある到達点までの確認ポイントのことである。

ビジネスの場面でMTPを用いるのが一般的ではあるものの、どんな組織でもMTPが有効とされるのは、組織には必ず「目的」があって、その目的達成のための「目標」もあるのが普通だからである。そして、それは個人の人生に

第4章　MTPプログラムの構成

も当てはめることができる。逆に、個人でハッキリと、自分の人生の目的を定めて生きている人がいかほどいるものか。その多くが、何らかの職業人生での「一流」を目指しているはずなのである。目的を設定しないと生きていけないまでに追い込まれた、という作家が設定した主人公の、『特殊な事情』もここにはある。しかし、それは、「育ち」というその人固有の基盤があってのことである。なので、ビジネスの場では、入社するまでの家庭と学校生活という過去にコミットすることができない分、改めて新入社員のときから真剣に「育てる」、という強い意識的な行為と、それを強力に推進する環境が組織全体に浸透していなければ、人は育たないのである。本書第1章では、このことを具体的に実践している2つの事例を示した。高校生の場合は新入社員とはいわないが、卒業後の活躍が、「育ち」に成功した人たちのその後を如実に示すのは、偶然ではない。そうやって環境適合性という面からみると、人間はよほど植物に近いのである。改めてこの場面で加代は何を考えつくのか。

> （何ぞ生きていく目的をもたんといかん）
> 加代は、そう思った。嫁としてこの山水館で、やって行く目的である。
> （中略）
> （ここを、立派な宿屋にすることや！）
> 客を満員にして、山水館の名をあげること、ちょうど祖母のゆうが、一から、南地楼を、南で一番の料亭にしたように。
> （銭の花を咲かすのや）
> それこそ、加代の目的であり、嫁としての意義が果たせるのではあるまいか。
> 加代は、それを考えて、やっと安らぎを覚えて来た。祖母のゆうの血が、加代の沸ぎった血をおさえてくれたのであろう。
> 　　　　　　　　　　　　　　　（花登筺（1970）『銭の花　上』、婚家、pp.121-122）

しかして、加代のこの目的設定には、大きく「自己統制」が作用している。MTPでの自己統制は、第Ⅱ部、第5セッション・統制、第3節・自己統制で学ぶが、これには、MTPにおけるこれまでの研究という、裾野が土台のような役割をしている。

順番に挙げれば、第Ⅰ部、第2セッション、第2節・人の欲求における、「欲求の5段階」を応用した、「自己実現の欲求」への変換とか、第Ⅱ部第4セッション・指揮、命令、第5節・状況の共有と自己指令がある。特に、この第5節では、MTPのひとつのピークである、フォレット[*13]が掲げた「自己指令」のト

4.5 『細うで繁盛記』からMTPを解説する

リガーとなる、「状況が命令する」ことの理解がポイントとなる。

　人は置かれた状況によって、たとえ「嫌々」でも行動を起こさないといけないと考え、実際に行動する。これを、「状況が命令する」というのである。これには、「状況の理解」というプロセスが先立つ。ビジネスの場であるならば、問題の把握がこれにあたる。すると、ここに、すべての土台となる、「科学的アプローチ」（第Ⅰ部、第1セッション、第3節・マネジャーの基本的姿勢）が顔を出すのである。

　主人公の加代は、自身が置かれた状況から、目的を明らかにすることをまずやった。というよりは、やらざるを得なかった。この長大な物語で作家は、科学的アプローチに基づいた行動を、主人公はもちろん登場人物たちに次々と仕向け、さまざまな「事例（わざと間違った解釈やらを題材にして）」を展開する。ここには、視聴者へ想いがあったのである[14]。

(3) 同一化と欲求不満行動

　人間の間で発生するトラブルの原因には、さまざまな事情が重なって起きるので、表面的でかつ決定的な破局の瞬間だけをもって決めつけることはできないものだ。自身の利害とは関係ないときには冷静にいえるけれども、ひとたび自分の身に降り掛かると、そうはいっていられない。

　演劇やドラマでは、登場人物それぞれの事情を観客に明かして、知らないことになっている登場人物たちがそれぞれの立場を演じるので、観客はその行動を冷静かつ感情移入して楽しめるように作られている。優れた作品が残るのも、こうした心理表現の巧みさによるのだろう。

　現実の生活では、こうした相手の心のうちがわからない。このことが他人への欲求不満を構築するのだが、その核心には、自身の欲求との不一致がある。

　主人公の加代を取り巻く人物で、最も近しい相手は、結婚した相手の正五である。この物語では、正五は男性としての機能不全という設定に置かれている。

---

[14] 花登筺（1983）『私の裏切り裏切られ史』[9] 第六章 「旋盤が泣く」の一言が書かせた「どてらい男」、p.161。『細うで繁盛記』に続いて世の中に登場したのが、『ぼてじゃこ物語』である。このドラマのヒットについて花登は、国鉄が『ぼてじゃこを釣るツアー』と称して、『ぼてじゃこ号』なる特別列車を仕立てたぐらいのフィーバーぶり──。私は再びテレビの影響力の恐ろしさを知らされ、家族すべてで安心して見られ、しかも、何かを得られるドラマを書かねばならならぬと心に決めた」と残している。この考えで、「前作」も書いていたに違いない。

第4章　MTPプログラムの構成

つまり、当時として視聴者に物理的にもわかりやすい戦傷による理不尽状態が用意されていて、この歪みが物語全体の不協和音を象徴している。戦争に行く前と帰還後とを記述することで、作家は同一人物の中にあるコントラストを示すのである。

この気の毒な人が、典型的な欲求不満とその行動を起こすのだが、それがまた、狭い地域に与える影響にも拡大するのは、現在でもみられる「(定年後の)田舎への移住」におけるリアルな社会問題にもつながっている。第三者的に冷静にいえば、「ムラ社会」の実態がそれで、戦後すぐの時代と、21世紀の現在が、案外と強固な連続になっている。

さて、正五には君代という恋人がいた。彼女は出征のときも、帰還のときも温かく正五を迎えてくれたが、正五が不全になったと気がついて、山水館とは敵対する側のトップ、大西館の主人、藤一郎の後妻になってしまうだけでなく、正五の不全を外に漏れるように語っていたのである。そこで、正五の欲求不満をどう作家が設定し、表現したのかを抜粋し、MTPによる分析を試みる。

> 正五は、生来、怠け者であった。能なしであり、人に頼ることに慣れた男であった。
> 　月日がたつとともに、加代は仕事をやり出した。少なくとも、仕事に主導権をもつ加代に、正五は、コンプレックスを感じたのである。
> 　加えて、加代が、大西館と手を組み山水館を建てるに至っては、どうにもならなかった。
> 　(自分を亭主やにゃあと思っている)
> 　それからは、加代のなすことすべてに、正五は、耐えがたいコンプレックスに感じた。
> 　そして、正五は、自分が亭主であることを世間に知らせしめる必要を感じたのである。それが、山水館が出来てからの正五の行動であった。
> 　　　　　　　　　　(花登筐（1970）『銭の花　下-二』御破算、pp.181-182)

作家は、ズバリと「行動」と書いている。

さらに、君代との再会の場面では、よりわかりやすい事例を示した。

> ・「正五は、何年か前の日々を思い出した。二人は、人の目を盗んでいつもこうして逢っていた。手をにぎるのでもなく、特別の話題もなかった。」

とはいえ、正五は次のように語る。

4.5 『細うで繁盛記』から MTP を解説する

> ・「わしは、今にきっと、熱川で一番の旅館をつくってやる」
> ・「もし、この君代と結婚していたら、このわしだって、大西館に負けない旅館をつくっていたかも知れないと——。」
> （花登筐（1970）『銭の花 下-三』混迷の朝、pp.18-19 から要約・引用）

　はじめに欲求がなんたるかを知らないといけない。前述した、第Ⅰ部、第2セッション、第2節・人の欲求、がそれである。生存など、動物としての欲求から段階を経て、人間は社会的欲求を抱くようになる。そして、ここから発生する欲求不満については、第Ⅳ部・第9セッション・欲求不満への対処と態度の啓発にて学ぶ。

　正五の独白は、欲求不満行動の中の、「同一化」である。自分だって、本気になればできる、というように考えることであるが、その本気になって行動することはまずない。これに作家は追い打ちをかけて正五という人間を決定づけた。

> 悪いことには、正五は、いつも自分を軸に物事を解釈する人間で、相手の感情などで考えない男である。
> （花登筐（1970）『銭の花 下-三』混迷の朝、p.29）

　物語は、この先、正五の人生をも破綻させる。改めて、加代という稀代のマネジャーをしても、正五という人物を「正の方向」へ導くことはできなかった。もしも彼のような人物が現実に存在した場合、どうすべきなのかを考えれば、第一に、組織に加入させないことである。すると、「採用」という場面のマネジメントを考えないといけないこととなる。さらにいえば、いかに人手不足といえども、このような人物を採用してしまったら、職場を維持することに管理職は汲々とすることになろう。

　確かに、前述のごとく、「人を見る目はむずかしい」のであるから、そのむずかしさを克服するためのマネジメントがあらかじめ必要だということなのである。つまり、「採用」という場面で重要なのは、「採用面接」のことではなく、「採用基準の組織における統一や合意」を構築するための、マネジメントだということになる。そうやって、はじめて「受け入れ準備」も有効となるのである。

第 4 章　MTP プログラムの構成

⑷　態度と状況が命令する絶妙の統合

　暗い話ばかりでは、作家が目指す、「何かを得られるドラマ」とはならない。そこで、今でも話題に上がる、「チップ」[*15] について、半世紀どころかもっと前（舞台の時代設定はこの場面ではまだ「戦後すぐ」である）のホットで興味深い議論をみてみよう。なお、文中では、「御祝儀」と呼んでいる。

> 「このわてらが、御祝儀もらうのは、不公平や言いますのや」
> 　（中略）
> 「そうですやろ、客室の係りするもんは、御祝儀もらえるけど、接待だけのわてらは、御祝儀入らへん。そんな不公平なことないて言いますねん」
> 「そら、一寸違うのやないか」
> 　お多福さんは、玉子の前へ近寄った。
> 「その代わり、あんたら、客室のもんより、仕事は楽な筈やで。気も、使わんやろ」
> 客室の係りのものが、うなずいていた。
> 　加代は、そんな部屋の空気を障子のすき間から、じっと観察していた。
> 　　　　　　　　（花登筐（1970）『銭の花　下-二』講談社、御破算、p.104）

　この場面は、客室係（直接に担当客を接遇する）を代表する仲居頭のお多福（加代が大阪の実家の料亭から呼んだ人物）と、接遇に不慣れなため客室などの清掃担当になったグループを代表する玉子とのやり取りである。接遇には気を遣うことが多々あるために、お多福はお客様からの御祝儀がその代金（サービス料）なのだと主張しているのである。

　なお、この物語の後のわが国では、高級ホテルだと宿泊料の 10％から 15％がサービス料として加算される代わりに、お客様はサービスを受ける都度、欧米のようにチップを渡す手間が省ける、世界的に珍しい制度が普及しているのは周知の通りである。しかし、サービス提供者とサービス受益者双方に、ここでいうサービス料のあるべき姿は今でも議論の対象になっている。

　さて、物語では、サービス料の分配が欲しい玉子は、地元の旅館の状況を調

[*15]　コロナ禍の落ち着いてきた現在、インバウンドが復活してきている中で、外国人から、日本にはチップ制がないのに、素晴らしいサービス経験ができることが話題になっている。たとえば、64万人強のチャンネル登録者がいる『スティーブ的視点 Steve's POV』の、「日本からアメリカに帰ってきて思ったことは ... 何に対してチップを支払うの？チップのない日本とチップの制度がおかしくなったアメリカの比較」として、「チップ制度のない日本がなぜチップのあるアメリカよりサービスが良い？」といった動画が、2024 年 1 月 31 日にアップされ、55 万回視聴されている。
https://www.youtube.com/watch?v=UPFfni0zpWc　（2024 年 5 月 22 日閲覧）

4.5 『細うで繁盛記』からMTPを解説する

べており、他館では、建物の階数ごとに接遇係と清掃係も分配を受けていることを伝える。ここで加代は、料亭と旅館の違いがあると悟る。そして、お多福の「誤解」は、料亭の仲居であったからだとも気づく。座敷の掃除をするのも、かつての加代の実家、南地楼では、仲居の仕事であったのだ。だが分業を前提にしている旅館では、そうはいかない。座敷へ入らない仲居が文句をいうのは当然のことなのに、今は旅館の仲居頭のお多福がそれに気づいていない。「その代わり、お座敷へ入るとえらい気い使いますさかい」というのが、お多福の言い分である。

ところが、接遇を担当する仲居のひとりが、「御祝儀、御祝儀言うけど、くれはらへんお客も、多うおますで」と意見を述べて様相が変わる。この一言に仲居たちが次々と「そんなにもらってはいない」と同調したのである。

これも、加代には、新しい発見であった。料亭では、ほとんどの客が祝儀を出したが、旅館では違うらしい。料亭では次回の来訪のために祝儀を出すが、旅館ではその次の予定がないせいであろうか。

そんな中、お多福は「わては、来るお客さんに全部、もらいました」と答え、部屋にはざわめきが起こった。加代は、お多福が、何故、祝儀は自分のものと主張するのか、その理由を理解する。つまり、お多福がうけもった客は、『お多福さんに祝儀を出さざるを得ない』のである。

このことを、MTPでは、「状況が命令する」という。お客様が御祝儀を出さざるを得ない、とはどんなことなのか。物語での解説をみてみよう。

　　仲居たちが、「自分だけが、ええ客を、自分の部屋に運んでるのや！」と言う声を加代がさえぎった。加代は、お多福さんが来る客に全部祝儀をもらっていると答えたときから、加代自身お多福さんの誤解は誤解でなしに、自分が誤解していたことに気がついた。
　　そこで、加代は開店から今日までのお客様を誰が担当したかを、ひとりずつ語り出す。加代は客の名を完全に記憶していた。そして、お多福さんも同様にすらすらと一人ずつその名を言い出した。
　　こうして、いつの間にか、仲居たちの、お多福さんに対する目は、自分らと違う存在を意識していたようである。このような状況を作った加代が、切り出す。
　　「つまり、お多福さんは、お客さんが、御祝儀を出さんならんような行きとどいた心使いをしはったからです。これはお多福さんの腕だす。お多福さんへのお礼だす。うちも、御祝儀をもらう人ともらえん人があるのは、不公平やと思います。けど、もらえる人でも、もらえん人があるんだす。それは、各自のお客さんに対する

99

第4章 MTPプログラムの構成

> 態度だす」。加代は、そう言い切って、考えながら結論を出した。
> 「そやから、こうしまひょ。御祝儀は、今まで通り、各自もろうて下さい。その代わり、もろうたら必ずしらせておくれやす」
> 　　　　　　　（花登筺（1970）『銭の花　下-二』御破算、pp.104-111 から抜粋・要約）

　本節(2)で、加代自身が、彼女の身の上の、「状況に命令され」て、人生の目的を設定したことを解説した。ここでは、仲居のお多福が、お客様に対して、「状況が命令する」ように仕向けていることを、緊迫した内部ミーティングの席で披露している。

　これは、「顧客を組織に取り込む」ことを書いた、バーナード理論を思い起こさせるのである*16。そして、本作ではこれを実践していたのは、南地楼で鍛えられていたお多福であった。

　MTPでは、「態度」の研究を、第Ⅳ部、第9セッション、第3節・人の態度、第4節・態度の変容、第5節・態度変容のための話し合い方、で扱っている。MTPでいう、「態度」とは、身体的態度、精神的態度（意識的、自然発生的）なものであって、「心の姿勢＝心の構え（心構え）」を指す。

　読者には、「チップの話題」として初めに意識を向けるようにした。しかし、花登は、この題材を用いて、マネジメントに不満がある仲居たちの態度が、変容するさまと態度の啓発までを、一気に書き上げているのである。

　「おかみさん＝組織リーダー」たる加代には、ピシャリと、「各自のお客さんに対する態度だす」と言わせる台詞を書いた。

　また、加代とお多福に、漏らさずに開店からの客名を言わせ、仲居たちを敬服させ「自分らと違う存在」と意識させた。このように圧倒的な実力差を可視化したことを、仲居たちの態度変容の決め手としている。その圧倒的な実力差を、仲居たちが感じたのは、自らの経験によるところが大きいのだと読者にも暗に納得させているのである。

　MTPでは、態度啓発のための3つの着眼点として、
- 態度形成の原因に手を打つ
- 望ましい態度につながる経験をさせる

---

*16　チェスター・アーヴィング・バーナード（1990）『組織と管理』[10]、第Ⅴ章　組織の概念、p.119。なお、本章の初出は、1940年『ハーバード・ビジネス・レビュー秋季号』である。

4.5 『細うで繁盛記』から MTP を解説する

・欲求に沿った経験をさせる

がある。

　しかし、この場面でのもうひとつの見どころは、リーダーである加代が、徹底的に、「傾聴」していることである。これも、人との接し方の重要な態度なのである。これが、先に示した、「態度変容のための話し合い方」の肝である。相手の言葉に逆らわず、冷静に本音を聴くというのは、意外と難しい。それゆえに MTP は、意識的にマネジャーに傾聴の態度を要求しているのである。人間は偽りなく素直に、何よりも真剣に、自分の話を聴いてくれる相手を信頼する。そうしたことが、心と心を結んだ、真のチームを作るのである。まさに、MTP が目指す組織を作らんとしているのだが、加代という人物を通じて作家は、何かを得られるドラマを書かねばならぬという言葉に偽りなく、世の視聴者を啓発したといえよう。

　さて、半世紀どころかもう 70 年以上前の「チップ：御祝儀」問題を、マネジャーである加代は、どのように解決したのか。続きをみてみよう。ここには絶妙な「統合による調整」が行われている。

「そやから、こうしまひょ。御祝儀は、今まで通り、各自でもろうて下さい。その代わり、もろうたら必ずしらせておくれやす」

　仲居たちは、顔を見合わせた。

「何で、しらせてもらうか言うたら、掃除や、お膳運びのひとのためだす。言うときますけど、掃除のひと、お膳運びのひとは、どっちか言うたらお座敷へ出られんひとだす。慣れんひとや、出てもろたら困るひとだす」

　一同の視線は、玉子に集まったが、背を向けてる玉子は、判かっているであろうか。

「そのひとたちより、お座敷でお客のお世話をするひとの方が、気を使うことは、当たり前だす。しかし、気い使こても、御祝儀のもらえん仲居はんも、どこか欠点があると思います。中にはどんだけ気い使こうても払わんお客もいてはるやろし、くれる気もないひともいてはるやろけど、気い使こたら三人に一人位は、くれはりますやろ。そやさかい、一番御祝儀をもらわん人の上、後から数えて二番目の人の御祝儀分を、掃除や、お膳運びのひとに別にあげまひょ。つまり、掃除や、お膳運びのひとは、お座敷受けもってるひとの後から二番目の仲居さんと同じだけ御祝儀が入ってくるんです。そやさかい、どれだけ御祝儀うけとらはったか、教えてほしいんだす。どうだす」

　加代は、一同を見わたした。

「判かりました。必ずおしらせします」

101

第4章　MTPプログラムの構成

> お多福さんは、代表で返事をして、信子たちに向いた。
> 「あんたら、それでええなあ」
> 　信子たちは、一せいにうなずき、信子が前へ出て手を突いた。
> 　　　　　　　　　　　　（花登筐（1970）『銭の花　下-二』御破算、pp.111-112）

　ここで、マネジャーたる加代が示した「案」を、MTPでは、「統合による調整」（第Ⅱ部、第6セッション・調整、第4節・統合による調整）という。いわゆる、マネジメントプロセスでは、「計画：Plan・実行：Do・確認、評価：Check・是正：Action」やQCサイクルとしては、「計画：Plan・実行：Do・反省、検討：See」で表すことは、マネジメントの基礎としてよく知られている。これらとは別に、MTPでは、マネジメントの過程を、「計画：Plan・指揮、命令：Command・統制：Control」の3つとしながら、その中心から、車輪でいえばハブあるいはスポークにあたる、「調整：Coordinate」の4つをもって、「マネジメントプロセス」（P3C）として総称している。すなわち、調整は、「計画・指揮命令・統制」という3つの過程をいつでも結ぶ重要な機能を指している。
　ここでよくある勘違いは、「調整」と、「根回し」の混同である。根回しが反対意見の根絶を目的としているのに対して、調整はもっと広義の、ベクトル合わせ、心情を合わせる、力を合わせる、という意味をもっている。よって、調整には、基本的に「話し合い」が行われ、話し合いには、個々人、会議、文書・メール、電話などが手段となる。また、前述のように、調整は3つの過程すべてに関与するものなので、いつでもその機会があるために、いわゆる「言った、言わない」という問題を、「調整不足」というのである。
　さて、「統合による調整」とは、より高度な、たとえば、二者間の対立がある場合に、双方ともに満足できる「第三の道」を採用する方式をいう。つまり、当初より高次な目的に統合するという意味だから、難易度も高い。よって、双方が責任ある立場で、代案を模索するものだ。前述した、経営哲学者のフォレットは、この「統合による調整」を生涯かけて研究した人物であった。
　物語に戻ると、加代の提案は、まさに「統合による調整」の一例である。デジタル時代の今、読者ならどんな「統合による調整」としての、双方が納得する高次の解決法を見いだすであろうか。また、それを通じて、どんな従業員教育のプログラムを考えつくであろうか。
　もちろん、その前提に顧客満足の達成があるのは当然である。果たして、「サー

4.5 『細うで繁盛記』から MTP を解説する

ビス料方式」が適正なのかも議論となるであろう。このときのポイントは、ムラ・ムリ・ムダの排除を最初に挙げることができる。お客様に「ご祝儀を払わなければならない」ようにした、お多福の手腕はたいしたものだが、逆にこの宿の客からしたら、担当する仲居さんのサービスに「ムラ」がある、という状況が生まれていることも示している。だから、「標準化」が求められたのである。ここで勘違いしてはならないのは、「金太郎アメ」のようなサービスとして「標準化」が、特に高級旅館や一流ホテルから忌避されたことである。しかし、この古い時代の事例から考慮すれば、接客係の全員をお多福のレベルに標準化するという意味であって、できない人に合わせる「護送船団方式」ではないことだった。

　デジタル時代の現在、果たしてどうあるべきかについて、上述した単なる標準化で済むかどうかという問題が生じている。それは、リピーターの顧客管理体系をどうするのかから生じる、「指名の可能性」もあり得るからであるし、チップの電子化もあるいは「投げ銭方式」も可能となってきているのだ。

　インバウンドから絶賛されている、「チップが必要ないのに高度なサービスがある」と好評価されていることと、どのように折り合いを付けるのかなど、こうしてみると、花登筐が半世紀前に解決を試みた、「統合による調整」が、さらに現代にも、新しい「統合による調整」の問題提起をしているのである。

【参考文献】
1) 島川崇・神田達哉・青木昌城・永井恵一（2020）『ケースで読み解く　デジタル変革時代のツーリズム』ミネルヴァ書房
2) Chester Irving Barnard（1938）"The Functions of the Executive" Harvard University Press
邦訳は田杉競 監訳（1956）『経営者の役割』ダイヤモンド社、および、飯野春樹 編（1979）『バーナード経営者の役割』有斐閣
3) 青木昌城（2015）『「おもてなし」依存が会社をダメにする―観光、ホテル、旅館業のための情報産業論』文眞堂、同電子版（2022）ディスカヴァー・トゥエンティワン
4) J・K・ガルブレイス、都留重人 監訳（1968）『新しい産業国家』河出書房
5) 防衛研修所（1961）『MTP を中心とした経営管理の技術』防衛研修所
6) 花登筐（1970～1973）『銭の花』講談社
7) 三戸公（2002）『管理とは何か』文眞堂
8) M. P. フォレット（1972）『組織行動の原理』未来社
9) 花登筐（1983）『私の裏切り裏切られ史』朝日新聞出版
10) チェスター・I. バーナード、飯野春樹・日本バーナード協会 訳（1990）『組織と管理』文眞堂

第 2 部　ツーリズム産業への MTP の活かし方

第5章　押さえておきたい管理者研修の時代的な背景

5.1　マネジメントのトレンド推移

　本章では、大阪万国博覧会で始まり列島改造ブームとビジネスホテルに対する政府系金融の融資基準緩和に乗って地方旅館のホテル化や異業種参入によるホテル開業が増えていった1970年代より、コロナ禍を体験した現在までのトレンドを、新卒入社から定年退職まで長期にわたり提供する側で人材育成の現場に関わってきた経営コンサルタントの視点で追いかけてみたい。

(1)　1970年から1990年代まで

　1970年代は急増したレジャー需要に対応してマスツーリズムの国内旅行が活発になっていく。過疎地などに公的な観光施設を整備して観光振興による経済格差の是正を狙う政府方針に基づき、大型レクリエーションモデル基地（経済企画庁）／観光レクリエーション地区（運輸省）／レクリエーション都市（建設省）／総合森林レクリエーションエリア（林野庁）／大規模年金保養基地（厚生省）などの大型整備構想が打ち出され、それに呼応して公共の宿も多くが開業している。海外旅行においては1969年のジャンボジェット就航による航空料金の大幅ダウンや1970年の大阪万国博覧会開催が呼び水になり大衆化が進んでいった。

　1980年代は、1983年開業の東京ディズニーランドや長崎オランダ村（図5-1）などテーマパークが相次いで誕生し、国内旅行を活性化させていく。また、1985年のプラザ合意により渡航費用がさらに引き下げられたため、海外旅行ブームが到来しますます渡航客が増えていった。政府も貿易摩擦を緩和するために国際旅行収支の赤字を拡大するという海外旅行者倍増計画（テン・ミリオン計画）を策定し、1987年からの5年間で倍の1,000万人にするという数値目標を打ち出している。

図5-1　長崎オランダ村

5.1 マネジメントのトレンド推移

　1990年代の国内旅行は1987年にリゾート法（総合保養地域整備法：昭和62年法律第71号）が制定されて長期滞在型リゾートの整備が進み、翌年にはふるさと創生事業が打ち出されて使途自由の一律1億円が全国に交付されたことも国内観光の促進要因になっていく。ただし箱モノ行政の最たるものであり、政府は観光振興の美名のもとに地方の背中を押したが、赤字たれ流しの第三セクター事業や建設半ばで放置されて廃墟化したリゾート施設など課題が多かった。観光への過剰投資が原因で財政破綻した夕張市の悲劇などは、その代表例として知られている。

　1990年代はバブル崩壊により国内旅行が低迷したために香港／台湾／韓国からの訪日観光旅行が有望な代替市場として注目され、北九州エリア／中部東海エリア／北東北エリアでは地方行政が連合で観光誘致に取り組み、北海道はさっぽろ雪まつりに続く冬・雪の北海道を香港や台湾にアピールして集客に成功する。1996年にはこれらに呼応して政府によるウェルカムプラン21（訪日観光交流倍増計画）が策定され、2005年までの10年間で訪日外国人観光客を2倍の700万人にするという目標が立てられた。

　次に本題である人材育成に目を向けたい。戦後日本における管理者研修はマッカーサー指令によって導入されたMTPが発端だった。1950年代から1960年代にかけてが民族系コンサルティングファームの幕開けで、創業のメンバーにはMTP教官経験者が多く含まれ、研修講師の提供を営業の柱にする傾向があったから、その思想は引き継がれていく。

　本家本元のMTPは当初政府主導で導入され、日本産業訓練協会が扱うことになっていった。1970年代は中央の大企業を中心に進められてきた講習会がほぼ一巡しており、MTPの内容は日本の産業界における管理者研修プログラムの土台となってローカルの地場中堅企業に拡大していった時期にあたる。

　ただし当時の人材育成は職場でのコミュニケーションやリーダーシップが今ほど重要視されていなかったし、階層別研修は売上成果に直結するセールスマン研修や接客サービス研修などとは異なり、マーケティングやアカウンティングなど仕事内容に直結する専門分野の内容でもないために、企業の経営者や担当部署の組織マネジメントや管理者研修に対する理解は十分といえなかった。

　当時の管理者研修はコンサルティングファームが少なかったせいもあるが、売る側にも買う側にも安直な面があったように思う。研修内容に関する確認はほとんどなく、実施することで満足してしまう企業が多かった。多忙な管理職

第5章　押さえておきたい管理者研修の時代的な背景

を集合させるには1日コースや半日コースが限界で、その範囲でフルスペックの管理者研修の実施をお願いしたいというオーダーが中心的だったし、「うちの管理者に発破をかけて欲しい」あるいは新人研修と同列の通過儀礼扱いで「階層別教育導入の一環として開催したい」といった何を期待しているのかはっきりしないオファーも多くみられた。

　1970年代はTQCとチェーンストア理論が企業コンサルティングでの稼ぎ頭だった。TQCは製造業での現場管理手法のイメージが強く、チェーンストア理論も宿泊業で関心を寄せるところはあまりみられなかったが、黎明期にあった外食産業では新しい時代を開く経営技術として受け入れられていく。無理せずとも売れるトレンド商材であり、いずれのテーマも公開セミナーは満員御礼状態だったし、コンサルタントも専門チームが編成され盛況だったと記憶している。チェーンストア理論においては先進地アメリカをツアーする店舗視察セミナーがたびたび実施され、そのために所属していたコンサルティングファームは子会社として旅行代理店を所有していたほどだ。

　TQCはチームレベルでの問題解決活動であるQCサークルを柱にしているから、プランニング学派と真逆で経営戦略がボトムアップで決定される創発的戦略（エマージェンス）に結びついていった。それまでの経営戦略はトップマネジメントが事前合理的に練り上げるものとされていたが、「経営戦略は現場の仕事の中から生まれてくる」すなわち創発してくるという新しい概念を普及させるきっかけになっていく。

　チェーンストア理論はファストフードやファミリーレストランなどの全国チェーンを誕生させている。新規事業として注目されていたビジネスホテル業態の出店を加速させるのに一役買い、フランチャイズ（FC）方式の導入が宿泊ビジネスへの異業種参入を増やすきっかけになったように思う。そのような事業拡大の流れが背景になり、1980年代の日本ではマイケル・ポーターの競争戦略[1]が持てはやされ経営戦略に競争原理が組み込まれていった。

　それまでの経営理論はトップダウンで事業計画を現場に落とし込むプランニング学派が主流であり、管理者には力強くチームをけん引してもらう必要があった。研修は「なせばなるの信念をもて」「おのれがやらねば誰がやる」といっ

---

[1]　企業が競合他社との競争において優位性を築くために採用する経営計画を指す。ポーターは競争戦略をコスト・リーダーシップ戦略／差別化戦略／集中戦略の3つに分類した。

5.1 マネジメントのトレンド推移

た標語を大声で叫ばせて心理的に追い込みビジネスリーダーとしての自覚を促すプログラムやフィジカルトレーニングを組み合わせて自省からの態度変容を目的とした"鬼の道場""地獄の特訓"といった合宿訓練が全盛期を迎える。

またビジネス発想法の書籍がいくつも出版され話題になったので、集合研修でのグループワークにブレーンストーミングやKJ法（図5-2）などが取り入れられていったが、これもこの年代の特徴といえるだろう。

バブル崩壊で宿泊需要のしぼんだ1990年代には、ホテル業態で高級路線と格安路線の二極化が進み、リミテッドサービスでビジネスホテルよりも低価格なバジェットホテルが台頭してくる。日本人の生活様式が成熟に向かい、それに伴いツーリズム産業は発展期に入った。

発注形態の違いから他人事にみえたのだろうか残念ながらツーリズム産業ではあまり顧みられなかったが、1990年代日本の企業コンサルティングはISO9000という国際認証がトレンドだった。受注活動に影響がある認証制度への取組みがマネジメントの成果に影響を及ぼすようになると、競争優位の源泉を内部資源の強みに見いだすRBV（リソースベーストビュー）[*2] が、企業の競争力を充実するための経営理論として注目されるようになっていく。

研修関連で特筆すべきなのはトレーニングツールの充実だ。それまではOHPによるシート画像の投影が講習会に不可欠だったが、レーザーディスクやビデオカセットなどの映像メディアに収録された動画によるビジネスシミュレーションの視聴やビールゲーム[*3]（経営における意思決定を学ぶシミュレーションゲーム）などのビジネスゲームを取り入れる体験型の研修スタイルが増えていった。

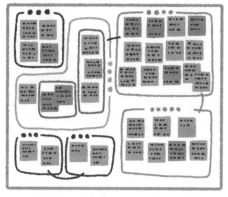

図5-2　KJ法（アイデア発想の手法）

＊2　ワーナーフェルトによって提唱され、バーニーの研究で注目されるようになった経営戦略論。ポジショニングに基づく戦略論とは異なり、企業に内在しているリソースやケイパビリティに焦点をあてている。企業研修ではフレームワークとしてVRIOを活用する場合が多い。

第5章　押さえておきたい管理者研修の時代的な背景

⑵ 2000年から2010年代まで

　2001年には運輸／宿泊／旅行などのさまざまな産業が一致協力し、ニッポン観光を後押しする目的で日本ツーリズム産業団体連合会が発足している。業界横断的にツーリズム全体を底上げしようというものだった。2003年には小泉純一郎首相が訪日外国人観光客を「2010年までに1,000万人に増やす」ことを施策方針として掲げ、観光立国を宣言している。これに基づき政府によるビジットジャパン・キャンペーンが開始され、東アジア市場を中心に行政主導によるインバウンド誘致活動が活発化した。

　2006年には43年ぶりに観光基本法が全面改正されて新たに観光立国推進基本法を制定、観光立国推進基本計画が打ち出されている。2008年には国土交通省にあった観光関連部署をまとめて外局とし観光庁が創設された。

　2000年代のインバウンドは訪日中国人客数の急増に支えられていたといってもいい。これは中国が高度経済成長期であったことと日本が中華人民共和国国家旅游局（現国家観光局）の渡航先に承認され、団体観光旅行者へのビザ発給が可能になったことが大きかった。

　宿泊業については外資系ラグジュアリーホテルの日本上陸が進んでいった。全国的に宿泊収容数が飽和状態になり客室稼働率の低下や熟練労働力の確保が悩ましい問題になった時期にあたる。

　2010年代に入り個人消費が持ち直してくると客室単価の下落に歯止めがかかり、ビジットジャパン・キャンペーンによってインバウンドも加速していった。

　アベノミクスの目玉政策で成長戦略としての観光立国実現が打ち出され、アジア諸国への訪日ビザ免除・発給要件の段階的緩和やLCCの就航・参入を促すオープンスカイ政策と民泊新法や改正旅館業法の制定による民泊許認可など規制緩和策が進められていく。

　2015年には日本版DMO候補法人登録制度が導入された。観光庁によればDMOは「地域の"稼ぐ力"を引き出すとともに地域への誇りと愛着を醸成する観光地経営の視点に立った観光地域づくりの舵取り役として、多様な関係者

＊3　マサチューセッツ工科大学で開発された教育ツール。サプライチェーン・マネジメントの原理を体感させるためのシミュレーションゲーム。グループワークでマネジメントシステムの欠陥や意思決定の難しさを学ぶことができる。

5.1 マネジメントのトレンド推移

と協同しながら、明確なコンセプトに基づいた観光地域づくりを実現するための戦略を策定するとともに、戦略を着実に実施するための調整機能を備えた法人」と定義されている。

2016年には安倍晋三首相を議長とする「明日の日本を支える観光ビジョン構想会議」が発足し国家戦略としての観光政策を打ち出し、2019年からは観光先進国を実現するための観光基盤を強化する目的で国際観光旅客税を導入、観光庁予算に充当されるようになった。

インバウンドについては中国政府の関税引き上げや旅行層の変化などで、2015年をピークに大きな割合を占めていた中国人観光客の旅行消費額が減少に向かい「爆買いは終わった」と言われるようになっていった。

産業界全般に目を向けると、2000年代は日本列島が食品偽装問題にゆれていた。環境テーマのISO14001が注目され、世界的に法令化やガイドライン整備が進んだことから日本企業でもCSRへの取組みが増えていく。東日本大震災の復興支援から急増したソーシャルビジネスが社会貢献に変化をもたらし、さらにはその後のサステナビリティ経営[*4]やパーパス経営[*5]を求める機運につながっていった。今や購入を通じて自然環境や地域活性に貢献するイミ消費[*6]が生活意識につながり、持続可能な社会を実現するSDGs達成を事業運営の柱にする経営方針が普通になっている。

この時期に企業経営者の興味を引いたのはアンゾフの成長マトリクス（図5-3）だ。

会社の成長戦略を①市場浸透②市場開拓③商品開発④事業多角化で視覚化したため理解しやすいと評価されたようである。なお、アンゾフは戦略経営論という著書の中で「戦略は組織に従う」という言葉を残している。もともとチャンドラーJr.の「組織は戦略に従う」という有名な言葉があったが、"以前より経営革新の進みが速くなってきたために、経営戦略よりも先に組織構造の方

[*4] サステナビリティとは持続可能性のことであり、長期間にわたって地球環境を壊すことなく資源も使い過ぎず、良好な経済活動を維持し続けることで持続可能な状態を実現する経営を意味する。
[*5] パーパスは企業の存在意義であり、企業が存在していることで生み出される価値と解釈される。このパーパスを軸にして活動し、社会に貢献していく経営のあり方を意味する。
[*6] モノやサービスを購入する際に社会的文化的な価値の有無を判断材料にする消費行動のこと。モノを手に入れるモノ消費が体験を買うコト消費へ移行し、さらにそのときだけの体験を買うトキ消費と意味のあることにお金を使うイミ消費へと変化している。これらはエモいが購入基準になるエモ消費へつながっていくと考えている。

第5章 押さえておきたい管理者研修の時代的な背景

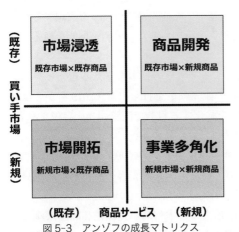

図5-3 アンゾフの成長マトリクス

が新しく変化して経営資源を形成するようになっている"と考えたアンゾフが「チャンドラー式の順序は今や逆になっている」と逆命題を提言している。

21世紀を迎えるにあたってマインドチェンジするノウハウとしてマッキンゼーがロジカルシンキング（垂直思考）を紹介すると、思考法に関するビジネス書が相次いで出版され、これが契機になり研修関連ではロジカルシンキングはもとよりジョン・デューイが最初に提唱したクリティカルシンキング（懐疑思考）やエドワード・デボノの生み出したラテラルシンキング（水平思考）の体験学習がカリキュラムに組み込まれていった（図5-4）。

インターネットの進展がソーシャルネットワークの時代を生み出し、経営分野ではエリック・リースが提唱したリーンスタートアップが話題になった。リー

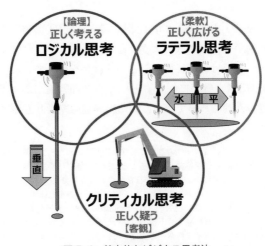

図5-4 基本的なビジネス思考法

112

ンスタートアップは最小限の努力で迅速に商品サービスを創造するマネジメント手法だ。急がば回れのメソッドといわれており、とりあえずやってみてノウハウを蓄積する中で軌道修正を繰り返し、提供サービスを理想のカタチに近づけていく。

当時のミドルマネジメントは社会の成熟と景気の低迷によって眼前の業務課題に追われていたから、チームのメンテナンスと業績の追求に必死にならざるを得なかった。職務主義的な人事制度のおかげで課長にならない中間管理職あるいは上位職に昇進しそうにない中間管理職の増えている企業が多くなっていた。モチベーションの低い管理者が職場に居座っては会社組織全体の活力低下を招きかねないし、全社の経営というマインドをもたせることが困難になるために、次世代を担う経営者候補の選抜に危機感を覚えるようになっていく。このような背景から次世代リーダー育成のための研修が増え、日本でもアクションラーニング[*7]が手法として注目されるようになった。また2012年に高年齢者雇用安定法が改正されると、これを受けてキャリアデザイン関連のプログラム開発が進んだ点も年代的な特徴として挙げられるだろう。

(3) 2020年代の現在

2010年代は新興国の経済成長と中間層の増加およびLCC普及などが背景になり世界的なツーリズム需要は増大したが、その副作用として有名観光地でのオーバーツーリズムが発生し問題になっていった。しかし予期しないコロナパンデミックで状況が一変し、世界各国が感染拡大防止目的の渡航制限に踏み切ったために国際ツーリズムが急減し、国内市場もロックダウン政策などで一気に冷え込んでしまった。

コロナ禍の最中、日本政府は激減した観光需要を回復させる目的でGoToトラベルキャンペーンを打ち出し、地方行政でも需要刺激策を実施するところが出てきた。これらの制度事業はリバウンド消費の促進に役立ったが、中長期的にみれば一過性の特需と言わざるを得ないだろう。

政府はコロナ禍からの立ち直りを目指して「観光ビジョン実現プログラム

＊7　現実的な問題に対する解決策の立案と実行する過程の研究で、実際の解決行動と振り返りを繰り返すチーム学習法。小グループに分かれてのディスカッションで個人と組織の学習能力を高めていく。

第 5 章　押さえておきたい管理者研修の時代的な背景

2020」を打ち出しており、コロナ収束後の 2030 年には従来計画であった訪日外国人旅行者 6,000 万人の目標は十分達成可能として、引き続きインバウンドの量的拡大を追求する方針である。

　しかしコロナ禍で定着したニューノーマル生活が人びとのライフスタイルを変化させているし、2024 年には円安で大挙押し寄せた訪日外国人観光客によるオーバーツーリズムで地域間格差の進展や問題点の悪化／深刻化が進んでしまい、量から質への転換が観光政策に求められている。

　渡航制限で途絶えていた中国人観光客も 2023 年 8 月の団体旅行解禁により復活したが、コロナ禍以前ほどの勢いはない。2023 年の訪日外国人旅行者数国別 1 位はコロナ禍中だった前年から 24.6％増の韓国で 696 万人だった。2 位は台湾の 420 万人で、3 位は中国の 243 万人だが 74.7％減で最も回復が遅れている。以下香港 211 万人／米国 205 万人と続き、伸び率ではシンガポール 20.1％増／ベトナム 15.9％増／カナダ 13.5％増が目立つ（図 5-5）。

　コロナ禍でスタートした 2020 年代は、世界経済が不確実性の高いワイルドカード的な混乱期に突入している。合理的だが柔軟性に欠けるロジカルシンキングのみでは、過去の知識や経験が通用しにくく先々の見通せない時代変化についていけないので、人びとのもつ本当の問題を解決するための思考法としてデザインシンキングやアートシンキングが注目され、人材育成のワークショップに取り入れられるようになっている（図 5-6）。

　デザインシンキングは非合理のかたまりのような人間の行動を 100％ロジカルに捉えることは困難という発想から生まれた。過去の経験則や固定観念を取り去り、提供内容や開発方法に影響を与える重要な要素として"人"を捉え、人びとが抱えている本質的な課題を解決するための思考法になる。

図 5-5　国別訪日外国人旅行者数の年別実績比較
（出所：日本政府観光局（JNTO）発表統計より筆者作成）

5.1 マネジメントのトレンド推移

図 5-6　注目されているビジネス思考法

　アートシンキングは心根にある想いを反映させた商品サービスに対して共鳴し共感してもらうことで新しい価値を創造しようとする思考法だ。芸術家が作品を生み出すときの思考プロセスを応用してビジネスへ取り入れたと考えれば理解しやすい。
　日本は少子高齢化による生産年齢層の人口減少が他国より先行し問題になっているが、今回の世代交代には特別な意味があるという。2000 年以降に成人を迎えた Y 世代と Z 世代は他世代に比べて金融危機や災害危機の影響を受けて成長し現状に深く幻滅している世代だから、自分たちの将来に悲観する傾向が強い。またインターネットの進化と共に育ったために Y 世代はデジタルネイティブであり Z 世代はソーシャルネイティブである。デジタル技術を使いこなすだけではなく、コミュニケーション欲求が強い世代であることも理解しておきたい（図 5-7）。
　急速に進化するデジタル技術がビジネスにもたらす影響は図りしれない。最新の技術を導入して活用する時代は過去のものとなり、最新の技術によって自社のビジネスモデルや業務そのものを変革する DX（Digital Transformation）が日本企業のバズワードになって広がった。DX はイリノイ大学のストルターマンがウメオ大学時代に論文で使い始めた言葉になる。日本語の定義が曖昧で旧来からのリアル手段をデジタル化する意味に捉える傾向もあるのだが、本当の意味は「インターネットが人びとの生活をあらゆる面でより良い方向に変化させる」というものだった。人類は①狩猟文明②農耕文明③工業文明④情報文明へと発展してきたが、DX がリアル空間とデジタル空間を融合させ、人類史において 5 番目になる新しい文明社会を実現させようとしている（図 5-8）。
　デジタル技術はメインフレームからサーバーへ、そしてクラウドへの移行を

115

第 5 章　押さえておきたい管理者研修の時代的な背景

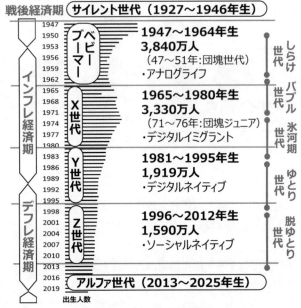

図 5-7　戦後日本の世代構成

経てエッジコンピューティングに向かっている。インターネットは膨大量のデータを生み続けており、その活用が斬新なサービスやビジネスの創出を可能にした。

　ビッグデータを瞬時に処理できるデジタルプレーヤーの出現によりデータを用いた個別対応のサービスが可能になり、BtoC 事業は大雑把に消費傾向を探る"集"の市場調査に頼ったプロダクトビジネスから、ライフスタイルを注意深く観察してサービスを組み立てる"個"のソリューションビジネスへ転換すべき時代を迎えている。

　そこで注目された経営トレンドがハーバードのクリステンセンが打ち出したジョブ理論だ。ジョブ理論は顧客のニーズや欲求ではなく、顧客が購入によって実現させたい「進歩」に着目したところが新しい。

5.2　管理者研修の時代背景

　ここまで人材育成のトレンドを 10 年単位で振り返ってきたが、ここからは時代の移り変わりをたどりながら管理者研修の背景を考察したい。1970 年代

5.2 管理者研修の時代背景

図5-8 現生人類の進化

から現在までには3つの経済的エポックがある。
① 1973年10月16日に始まったオイルショックによる狂乱物価から金融引き締めまでの経済成長に沸いていたインフレの時代
② 1990年1月4日東証大発会で始まったバブル崩壊後30年以上続き、失われた30年といわれデフレ脱却を目指した時代
③ 2020年1月15日の新型コロナウイルス日本上陸以降、ニューノーマルライン7割への経済縮小とグローバルサプライチェーンの分断で出現し、新たな大不況の突入点になった時代

である。わかりやすくするために、本章ではこれらを①インフレ経済期②デフレ経済期③コロナ経済期と呼称する。ツーリズム産業はインフレ経済期に成長し、デフレ経済期に発展した。コロナ経済期は新しい人類文明への挑戦期と位置付けられるだろう。

3つの経済的エポックをヘーゲルの弁証法に当てはめれば、時代の流れを段階的に捉えることができる。ヘーゲルの弁証法とは「テーゼ（正）」「アンチテー

第5章　押さえておきたい管理者研修の時代的な背景

ゼ（反）」「ジンテーゼ（合）」の3要素に当てはめることで新しい見識を導き出そうとする考察方法だ。いかなる事象もまっすぐ一直線に成長していくことは不可能だから、必ずそれまでの欠点を是正しようと正反対の動きが出てくる。その先にある未来は正と反で得た経験を組み合わせることで推測が可能になるというわけだ。たとえばインフレ経済期がテーゼ（正）で、デフレ経済期がそのアンチテーゼ（反）だとすれば、コロナ経済期はジンテーゼ（合）という新しいステージで捉えられる。経済活動が停滞しているにもかかわらずインフレの進む状況をスタグフレーションという。コロナ経済期の性格としてインフレーション（正）とデフレーション（反）の融合したスタグフレーション（合）が導き出される。

実際にコロナ禍以降の日本経済は、輸入物価高で調達側がインフレなのに対して景気の停滞で提供側がデフレであり、その同時進行がBtoC事業のマネジメントを難しくしている。

表5-1　日本社会の時代背景

インフレ経済期 テーゼ（正）	デフレ経済期 アンチテーゼ（反）	コロナ経済期 ジンテーゼ（合）
インフレーション	デフレーション	スタグフレーション
マスプロダクション	パーソナライゼーション	シェアリングエコノミー
所有欲	経験欲	共感欲
モノ消費	コト消費	エモ消費
機能的価値	情緒的価値	未来的価値
プロダクトアウト	マーケットイン	カスタマーイン
Web1.0 ホームページ時代	Web2.0 ソーシャルネット時代	Web3.0 ブロックチェーン時代
O2O ネット上のリアル	オムニチャネル ネットとリアルの一本化	OMO ネットとリアルの融合
シェア獲得競争	パイ獲得競争	ファン獲得競争
定量データ調査	定性データ調査	行動データ調査
オーセンティック （信頼できる内容）	イクイバレント （相当する内容）	オリジナリティ （個性的な内容）
組織の幸せ追求	個人の幸せ追求	社会の幸せ追求

5.2 管理者研修の時代背景

(1) インフレ経済期（正の時代）

　1970年代以降のインフレ経済期は、好景気に支えられて日本人の生活様式が大きく変化し"一億総中流"という意識が浸透した。富と消費を巡る躁状態によって所有する喜びに目覚め、物欲が旺盛なモノ消費の時代が出現。「もはや戦後ではない」「ぜいたくは素敵だ」といわれるようになっていく。

　モノであれ、サービスであれ、作れば売れる大量消費の流れにのって、事業はプロダクトアウトが基本軸だった。消費市場は提供側が主導権を握っており、効率化を目指して会社中心の経営になっていく。作れば売れ儲かれば給料をたくさんもらえたのでインセンティブに動機づけされる人が増え、「亭主元気で留守がいい」というフレーズも流行した。仕事の量や質を少しでも拡大して欲しいというのが経営側の要求基準であり、モーレツ社員や企業戦士の跋扈する"もっと働け"の時代になる。組織は業務配分を効果的かつ効率的に行うために、合理的かつ機械的であることが求められ、命令系統の一元化や仕事内容に基づく分業化を実現しやすいピラミッド組織が基本的な会社の骨組みとして採用されていった。

　ピラミッド組織は軍隊を参考にしたタテ構造で業務管理や意思決定が上位から下位へ段階的に伝わっていく組織形態だ。責任範囲や業務範囲が明確なために業務の進行がスムーズな反面、情報伝達に時間がかかるやり方であり伝達ゲーム同様で上位の指示内容が下位現場に反映されにくいといった課題が指摘されている。

　管理者の指示は命令的で一方通行のトップダウン方式になるのでチームの頂点に立ち指示を出す管理者には支配型のリーダーシップ（図5-9）が求められる。管理者が決定権をもつので、緊急の場合やとっさの判断が求められる現場では即座に対応できて役に立つが、管理者個人の業務知識やスキルへの依存度が高く、力まかせにグイグイ引っ張るカリスマリーダーではメンバーが指示待ちになってしまう危険も生じる。

　"十人一色"で皆の仕事内容が同じ方

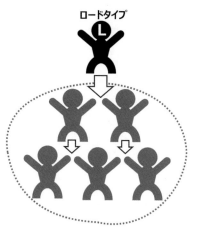

図5-9　支配型のリーダーシップ

119

第5章 押さえておきたい管理者研修の時代的な背景

向を向いている職場では効率的だが、価値観の多様化や機能分担が進むとミスリードしてしまう可能性が出てくる。日本経済を下支えしてきた組織形態であり現在最も普及しているのだが、変化の著しいビジネス環境には対応が遅れがちで今の時代にうまくフィットできない面が出てきた。従業員の自発性を抑えてしまうなどの欠点も目立ち始めている。

(2) **デフレ経済期（反の時代）**

　実態を伴わない株価や土地価格の高騰がバブル景気を生み、金利引き締めによりバブルが崩壊した1990年代以降は一転して不況になり、呆然自失状態のまま"失われた30年"に突入し、物価が長いこと持続的に下落するデフレ経済が続いている（図5-10）。

　デフレ経済はモノの値段を下落させるので会社の売上が下がる。売上が下がると従業員の給与にも下落圧力が働き、低賃金や非正規雇用の増加が懸念材料になる。給与が下がると家計消費が減退し、モノやサービスが売れなくなるからデフレ・スパイラルから抜け出せない。だからアベノミクスの成長戦略はデフレからの脱却を目指していた。

　一方、バブル崩壊により地価や家賃が下落したために宿泊ビジネスや外食ビジネスで出店競争の過熱を招き、ツーリズム産業はこれらが追い風になって発展していった。

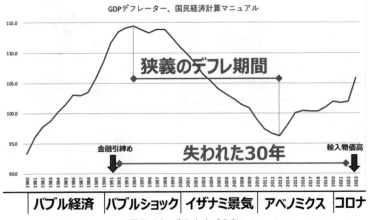

図5-10　失われた30年

5.2 管理者研修の時代背景

　売れない時代には競合間の競争が激化し、選択肢が増えれば自然と利用する側の目も肥えてくる。ビジネスは自社が選ばれるために、会社の意向が優先されるプロダクトアウトではなく、顧客が欲しているものを先回りして提供するマーケットインが基本軸になった。ツーリズム産業でも際限なくサービスのレベルアップを求める顧客需要を吸収するために、新業態開発や VMD（ビジュアルマーチャンダイジング）[*8] が勢いづいた時代だった。

　マーケットインの弱みは、表層化している顧客ニーズに基づくので、突出した魅力を提供しにくいことと競合に真似されやすいということだ。時間の流れと共に提供内容の同質化が進み、購入側としては何を選んでも大差がなくなっていく。差別化するための付加価値が重要な要素となり、次第にスペックなどの機能的価値だけでは満たされなくなっていくから、満足感という情緒的価値を求めるコト消費が求められるようになった。この市場変化に効率よく対応するために、会社中心から業務中心の経営へと移行するところが出てくる。

　雇用面ではバブル崩壊による景気悪化によって就職氷河期が到来し終身雇用神話が崩壊していった。ツーリズム産業でもコンスタントな正社員採用をしなくなったが、旅行需要は拡大する一方であり現場を回すには人手が必要だったために非正規雇用が増えていく。

　不景気はブラック企業の増加を生み、過労死認定のニュースも増えて過酷な労働環境が社会問題になり、就業条件の適正化や福利厚生の充実などが進んでいった。

　従業員への指示命令は仕事の進め方や就業態度に関する内容になり"ちゃんと働く"ことが求められるようになる。組織形態ではスピーディーな意思決定を実現するためにフラット型組織の検討が始まった。

　これまでのピラミッド型と対照的な組織形態がフラット型だ。タテ構造の階層を減らしてヨコ展開し、ピラミッド組織の欠点である職位の既得権化などを改善しようとして生まれたのがフラット組織になる。日本の会社がフラット組織を採用する背景には長引く経済の低迷による企業活動の停滞がある。多くは冗長化した管理職ポストの削減が目的だったが、社会経済の成熟化が"十人十

[*8]　提供しているモノやサービスにお客様が惹きつけられるように、パンフレットやウェブサイトなどの見た目を整えることで好印象を醸成し実売へと結びつけるマーケティング手法。旅行企画のコンセプトを視覚的に具現化するブランディングの側面と、提供している構成内容の販売を促進するマーケティングの側面があった。

第5章 押さえておきたい管理者研修の時代的な背景

色"の生活様式を生み出しており、多様な価値観をもつメンバー個々の力を結集する必要が出てきたという背景も見落とせない。

　フラットな組織構造は従業員の意見や提案が直接経営者に届きやすく風通しのよさから意思決定は迅速化するが、仕事の進捗を管理しにくいとか業務範囲が曖昧で責任の所在がはっきりしないといった課題も露呈している。加えて組織規模が大きくなるほど統制が取りにくくなり経営者に負荷がかかってしまうといった課題の指摘もある。従業員には高い自律性が求められるから自己管理できる人材の確保と共通の組織目標を徹底させる仕組みの整備が導入の鍵になるだろう。

　フラット組織では双方向で個々人の強みを引き出し取りまとめ、同意形成を活用できる仕事環境が整えられる支援型のリーダーシップ（図5-11）が必要だ。なお支援型の管理者には先頭に立って部下の意見を取りまとめチームを引っ張るイニシアティブタイプと後方からそっと寄り添ってチームを押し上げるフォロワータイプがある。

　支援型の管理者が理解しておくべきなのはリーダーとメンバーの関係性に焦点をあてたLMX論[*9]だ。リーダーシップの本質を「人間関係は報酬の交換である」と捉えており、この交換関係をLMX（リーダー・メンバーエクスチェンジ）と呼んでいる。LMXが高ければ好意的な関係が生まれ組織の生産性が向上する。この場合の報酬とは給料や昇進などの目に見える報酬だけではなく、尊厳や信頼など目に見えない報酬も含む。報酬の価値は人によって捉え方が異なるが、部下の個人差を理解しておけば適切にリーダーシップを発揮することができるだろう。

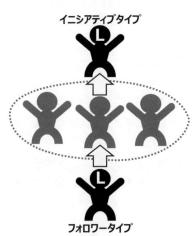
図5-11　支援型のリーダーシップ

＊9　Leader Member Exchangeの略。グラーエンとウルビエンにより提唱されたリーダーとメンバーの関係性に焦点をあてたリーダーシップ論。従来のリーダーシップ論がリーダーの素質や行動特性に着目し「メンバーは一方的に影響を受ける側の存在」としていたのに対して「双方向のリーダーとメンバーの交換関係」としたところが新しかった。

(3) コロナ経済期（合の時代）

　新型コロナウイルス感染症のまん延はこれまでの自然災害とはまったく異なるタイプの感染災害であり、ウイルスは局所的に留まることがないから一気に地球規模で拡散してしまった。100年に一度というパンデミックで出現した経営環境は今までに経験したことがない異質なものになり、グローバルサプライチェーンの寸断やナショナリズムの台頭、コンタクトレスやニューノーマルのライフスタイル定着などツーリズム産業が1970年代より築き上げてきたビジネスモデルや成功体験を根本からひっくり返してしまう。

　コロナウイルスがオミクロン株に変異して収束がみえてきたと思ったら、疲弊した経済にロシアによるウクライナ侵攻が加わり、世界的な物価高騰が起こった。それでも"コロナ明け"で行動制限により積み上がった家計貯蓄を使い、ここぞとばかりのリベンジ消費が始まった。ツーリズム産業も大いに恩恵にあずかったわけだが、すでに時代の変化は想定外に急進してしまっている。コロナ禍以前の経営環境には絶対に戻らないから管理者は上手に現場のかじ取りをしていかなければならない。

　エンデミック宣言で各国政府は経済活動を再開させたが潜在意識にすり込まれたコロナショックの恐怖心は取り除くのが難しいし、ロックダウンなどの行動制限で生まれた新しい文化や生活様式に対処せざるを得ない。生活意識では以前にも増してコト消費の重要性が高まっており、エコ意識の高揚やSNSでのリア充[*10]競争を背景として、断絶や孤立で満たされなかった心の癒しを求めてエモーショナルなサービスが時代的な要請になっている。

　巣ごもり生活によってオンライン化が急がれ、人びとの生活様式も大きく変化している。ネットショッピングやフードデリバリーなど緊急避難的であれサービスの消費がモノの消費にシフトせざるを得なかった。その結果いきなりオフラインとオンラインの融合が進んでしまい、顧客はリアルとデジタル双方のルートを使ってアプローチすることに慣れ始めている。

　たとえば百貨店は小売の王様というプライドを捨ててオンライン通販に活路を見いだした。小売業は売場の提供者という考え方から脱却し、商品と顧客を

---

*10 「友人関係に恵まれている」「飲み会など人づき合いを楽しんでいる」など幅広く現実生活（リアル）が充実していることやその人を指す。2005年頃から使われ始めておりSNSでの拡がりにより一般語化した。

第5章　押さえておきたい管理者研修の時代的な背景

結びつけるコネクターへと役割を変貌させようとしている。

　マーケットを従来のように市場起点で考え集計データにより捉えていては、どんどん顧客の感覚から離れてしまうだろう。「皆がもっているから」というこれまでの購買動機が買わない理由になり、「エモい[*11]」が買う理由になっているからだ。ビッグデータ時代を迎え、インターネットを活用すればさまざまな顧客データをあらゆるチャネルで取得できるしA.I.により分析加工するのも容易となり、市場の総論的な声からニーズを探るマーケットインから、個の顧客起点で捉えるカスタマーインへと転換が求められ始めている。これからの提供サービスは顧客中心で模索され、いかなる業界においても自社ブランドのファン獲得が競争になる。市場調査もシェア獲得目的の定量データやパイ獲得目的の定性データでは不十分で、個別の行動データ収集が経営戦略の要になってくるはずだ。

　マネジャー階層を簡素化したフラット型の組織の方がミドルマネジメントの厚いピラミッド型よりも現場の自律性や自発性を引き出しやすくなるが、さらに進化させた組織形態が会社を小集団に分解し独立性を高めたアメーバ型だ。コロナ禍以降は時間をかけて積み上げてきたビジネススキームが通用しにくく、ロジックでは打破できないことも増えている。柔軟に経営環境の変化に対応できる組織を考えて行きついたのが、階層そのものの存在しないアメーバ型だったというわけだ。

　アメーバ組織は「会社経営とは一部の経営トップのみで行うものではなく、全社員が関わって行うものである」という京セラ株式会社創業者稲盛和夫氏の言葉が原点とされている。会社組織を小人数に細分化し各々を独立採算制で運営するから、構成メンバーの少数精鋭化が必要になり"一人十色"の役割が求められ、"かしこく働く"ことが重要になる。

　チーム内に区分けが存在せず、会社としても決定権や最新情報が各チームに分散されるので迅速な意思決定が可能になる。不確実な環境変化にすばやく対応できる反面、チーム間での競争が発生しやすく「組織全体としての統制が取りづらい」とか「組織内でのつながりが薄れやすい」といったデメリットも指

---

*11　ぐっときた瞬間や感動した瞬間などにストレートに表現できない絶妙な感情のこと。ロジカルの対極にある一見ムダなもの『もののあはれ』や『いとをかし』であるとの解説もある。うれしい／切ない／寂しいなどの複数に交じった感情を表現するときに『ヤバい』と似た使われ方をする。若者言葉として2007年頃から存在していたが2017年前後から急速に広がり一般語化した。

摘されてきた。各チーム活動を全社経理で把握するのが困難になるし、チーム単体は会社全体よりも自らの利益追求に走りやすいから、制度導入の難易度は高くなる。

アメーバ組織のリーダーシップについてはひとりのリーダーに対処させるのではなく、リーダーを共有してリーダーシップを分散するシェアリーダーシップが注目されている。具体的には構成員全体でリーダーの役割を果たすというもので、全員でリーダーの役割を担いつつフォロワーとしても機能させる。管理者は後方支援に徹し会社とチームをつなぐマグネットとしての役割を果たす。こうすれば個々のチームメンバーに自律心が芽生えて主体的に動けるようになり、目標達成に向けてパフォーマンスを向上させられるようになるというわけだ。

シェアリーダーシップの実現にはトップダウン方式でもボトムアップ方式でもない新しい仕事の進め方が必要だ。日本企業はこれまで「人に仕事をつける」メンバーシップ型の人事システムが当たり前だったが、上からだろうが下からだろうが、どんなにアップダウンさせても人から人への流れであることに変わらなかった。結局は「人ありきのマネジメント」になってメンバーシップ型の範疇から抜け出すことができない。発想を根本から変えて、これからは欧米流の「仕事に人をつける」ジョブ型の人事システム導入を増やさざるを得なくなりそうだ。

ジョブ型は以前より先進的な経営者によってアプローチされてきたが日本企業にはなかなか定着できていない。主に日本的雇用慣行がネックになっていたためと説明されているが、時代背景がそこまでジョブ型導入を求めていなかったといえるのかもしれない。しかしコロナ禍で経営環境が激変したのだから、脱 JTC[*12] で「仕事に人をつける」ジョブ型導入に挑戦し、最初に最終ゴールを設定し段階的にブレイクダウンさせていく発想を仕事に取り入れる必要が出てくる。管理者研修では「リーダーが到達目標を示し、メンバーに具体的な手段を考えさせる」ゴールダウン方式へのアプローチが多くなるだろう。

アメーバ組織を機能させるためには、チーム内に変革型のリーダーシップ(図

[*12] JTC は日本の伝統的な企業（Japanese Traditional Company）のことで、「稟議書等を紙で行っている」「仕事の質よりも量で評価される」など非生産的な文化や伝統が残っている企業を指す場合が多い。最近では時代変化に対応するべく脱 JTC の組織改革を模索する企業が増えている。

第5章　押さえておきたい管理者研修の時代的な背景

リーダーシップよりフォロワーシップが大切
図5-12　変革型のリーダーシップ

5-12）が生まれることが大きな要素になる。組織づくりでは管理者がボトルネックになってしまう場合がある。管理者自身に固定的な組織運営のイメージがあると、どうしてもそれに引きずられてしまい実情に合わなくても取り組みやすい運営方法を継続しがちになるためだ。

チーム内に変革型のリーダーシップを発揮する人材が生まれてくれれば、先入観にとらわれることなく組織の古い体質を変えていくきっかけを作れるようになる。慣習や先例にとらわれなければ、業務遂行に問題が生じたらすぐさま対処することが可能だし、従前と異なるやり方を掲げて大きな目標に向かってまい進していくリーダーの姿はメンバーにもよい刺激を与え、モチベーションを高める波及効果をもたらしてくれる。

5.3　リーダーシップ論の移り変わり

インフレ経済期は管理者が会社の決定事項を職場に落とし込む仕事管理がマネジメントだったが、コロナ禍後の現在は管理者がやるべきことを見いだして多様な価値観や多彩な能力をもつメンバーとビジョンを共有し取組み課題に対峙していくマネジメントが求められている。部下の力を引き出すためにリーダーシップの要素が強くなっているのだ。

リーダーシップ論は英雄やヒロイズムの歴史研究から始まった。リーダーシップは長いこと、神からの贈り物であり「偉人は作られるものではなく生まれるものである」というグレートマン理論が本流で生まれつき備わっている才能と考えられていた。しかし、世界大戦の勃発により多数のマネジャーを育成する必要が生じたことで、リーダーシップは必ずしも生まれつきの才能で決まるわけではないという認識が広がっていく。

最初は優れたリーダーには共通する資質や人格があるはずだと考えられ、多くの研究者によって共通する特性が抽出されて特性理論が確立されていった。結果的にリーダーと非リーダーの違いを明確に定義することができず徐々に優

5.3 リーダーシップ論の移り変わり

表 5-2 職場環境の時代背景

テーゼ（正）	アンチテーゼ（反）	ジンテーゼ（合）
しらけ世代	ゆとり世代	脱ゆとり世代
十人一色	十人十色	一人十色
ピラミッド組織	フラット組織	アメーバ組織
会社中心	業務中心	人間中心
トップダウン	ボトムアップ	ゴールダウン
ウォーターフォール業務	スパイラル業務	アジャイル業務
PDCA サイクル	OODA ループ	センスメイキング
支配型管理者	支援型管理者	変革型管理者
カリスマリーダー	サーバントリーダー	シェアドリーダー
年功型人事	選抜型人事	総力戦人事
もっと働け	ちゃんと働け	かしこく働け
働きやすさ重視	働く意味を重視	働きがいを重視
サティスファクション / ES	エンゲージメント	ウェルビーイング
インソーシング / 内製	アウトソーシング / 外注	アライアンス / 協業

秀なリーダーとそうではないリーダーの違いを能力差から解き明かそうとした行動理論に取って代わられることになる。

　行動理論ではリーダーシップを2軸で評価し4セルで充足（High）と不足（Low）を可視化したところに意味があっただろう。物的環境軸と心的環境軸で考えたオハイオ州立大学研究モデルや課題解決軸と人間関係軸で考えたミシガン大学研究モデル（図 5-13）が知られており、後のマネジメントグリッド理論や PM 理論の先駆けになっていく。

　しかし行動理論でも優秀なリーダーが状況によっては結果を出せないことに対する説明がつかず、戦後になるとリーダーシップに影響する状況を解き明かそうとする状況適応理論に取って代わられていった。

(1) インフレ経済期（正の時代）

　状況適応理論で1970年代に知られるようになったのがフィドラーのコンティンジェンシーモデルだ。どのような状況でも最高のパフォーマンスを発揮するリーダーシップなど存在しないと考えて、リーダーシップを有効にする条

第5章 押さえておきたい管理者研修の時代的な背景

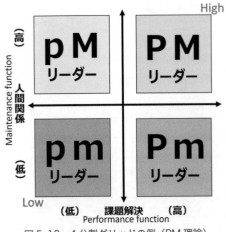

図 5-13 4分割グリッドの例（PM 理論）

件を①リーダーとフォロワーの関係②タスク構造化の程度③リーダーの地位に基づくパワーの程度という3つの変数からなる"状況好意性"で説明した。

なおフィドラー理論発表の2年後にハーシーとブランチャードが、従業員の成熟度に応じて求められるリーダーシップのあり方を解き明かそうと SL 理論（シチュエーショナル・リーダーシップ）[13] を考案しており、これらの捉え方が以降のリーダーシップ論に強く影響していく。

1980年代はアメリカが日本など新興国の経済成長に押されて国際競争力を著しく低下させた時代だ。それまでの経営手法が通用しなくなったという危機感から、アメリカではマネジメント能力の研究がリーダーシップ理論の柱になっていく。

これまではリーダーシップとマネジメントの違いが曖昧だったので、ベニスらが "Leaders are people who do the right thing, managers are people who do things right." （リーダーは正しいことを行い、マネジャーは正しく行なう）と定義、1985年に「リーダーはビジョンの創造と実現が求められる」というビジョナリー・リーダーシップ論を打ち出している。

管理能力に特化した旧来よりのリーダーシップでは環境変化に柔軟対応できないとして、1986年にティシーの打ち出したのが現状変革型リーダーシップ論だ。この理論は会社組織における大規模な変革をイメージしており、環境変化に対して全体としてどのように対処するべきかというトップマネジメントのリーダーシップに焦点をあてている。

---

[13] ハーシーとブランチャードによって提唱された「部下の状況や成熟度にあわせてリーダーシップのスタイルを変えることで組織のパフォーマンスを向上させる」という理論。部下を4つのタイプに分け、適切なリーダーシップのあり方をモデリングした。

5.3 リーダーシップ論の移り変わり

　1987年にはコンガーらがリーダーのカリスマ性に着目したリーダーシップ論を展開している。カリスマ性は生まれつきの才能ではなく、後天的に能力として身に付けることができると考えたところが新しく、カリスマ性をもつリーダーの行動を観察して行動パターンを類型化しようと試みた。

　これらのマネジメントリーダー論が相次いで発表された1980年代は、イケイケだった日本社会の時代的な気分にそぐわずトレンドとして大々的に管理者研修のプログラムに組み込まれることはなかった。しかしバブルが崩壊し日本企業の経営環境が厳しくなるにつれ、変化に柔軟対応できる管理能力を求めて徐々に浸透していく。昨今は特にグローバル化やインターネット化の進展が目まぐるしく、管理者研修のカリキュラムを構成する上で状況対応力の重要性が増してきている。

(2) デフレ経済期（反の時代）

　1990年代になると行き過ぎた市場原理主義のグローバルな広がりで、利潤を追求するあまりに粉飾決算や過労死などの不祥事を引き起こした企業の社会的責任が問われるようになっていった。不祥事に対しては容赦ない世論の批判が集中したので、ハーバードをはじめとするビジネススクールが中心になり倫理観を重視したオーセンティック・リーダーシップ論が模索されていく。株主や会社からのプレッシャーがあったとしても自分自身の価値観や信念に従って行動し、不正行為やコンプライアンス違反には断じて手を出さない強い倫理観でメンバーを導くのがオーセンティック・リーダーシップになる。2003年に発刊されたビル・ジョージ『Authentic Leadership』（邦訳は『ミッション・リーダーシップ』、2004年）によって注目されるようになった理論だ。

　これにより課題達成軸と人間関係軸で展開してきたリーダーシップ論に第3軸として人間性や倫理観の行動促進軸が加えられていく。

　管理者研修においても強力すぎるリーダーシップには弊害が生じやすいという反省からワーク・モチベーションに着目したプログラムが開発されるようになっていく。従業員のモチベーションが仕事の質にどのような影響を与えるのか、あるいはモチベーションを高めるためにはどのような対応が必要になるのかといった内容が議論され、マズローの欲求5段階説やマクレガーのX理論Y理論、ハーズバーグの衛生理論などモチベーションの説明が加えられていった。

第 5 章　押さえておきたい管理者研修の時代的な背景

(3) コロナ経済期（合の時代）

　最近注目されてきているのはジム・コリンズとジェリー・ポラスのレベル 5 リーダーシップ論だ。2022 年までに全 5 巻の『ビジョナリー・カンパニー』シリーズが出版されているが、レベル 5 リーダーシップは第 2 巻飛躍の法則で提唱された概念になる。

　良い会社（グッドカンパニー）の管理者は 1 から 4 までのレベルを持ち合わせている。レベル 1 が勤勉な個人資質／レベル 2 が組織貢献できる個人資質／レベル 3 が組織運用できる管理資質／レベル 4 が組織目標を達成できる管理資質で、これらをすべてもっている管理者には自分を有能にみせることでビジネスの成功に貢献している野心家が多い。しかし業界リーダー的な存在の偉大な会社（グレートカンパニー）になると、管理者にレベル 4 までとは根本的に異なるリーダーシップが求められるようになる、というのがレベル 5 の考え方である。部下が管理者についていくのではなく、個々人が理念や目標を追求しなければ卓越した会社に成長させられないから、謙虚さがありメンバーに信頼されて結果を出せるリーダーシップが求められると結論づけている。

5.4　新たな時代のマネジメントへ

(1) 集の時代から個の時代へ

　インフレ経済期（正）／デフレ経済期（反）／コロナ経済期（合）で分類してみて気がついたことがある。前掲分類表（表5-1）を横の流れではなく縦にみていくと、異なる領域であっても共通している"時代の雰囲気"のようなものがみえてくるのだ。日本中が豊かだったインフレ経済期は量をベースとした「集の時代」だったが、その反動となったバブル崩壊以降のデフレ経済期が助走期間になり、コロナショックが時代の変わり目となって質をベースとした「個の時代」に移行してきている。

　「集の時代」は従業員を人的資源と捉えたマネジメントが求められ、賞罰によって効率運用を目指していた。ES（従業員満足度）[*14] が高ければ人材の定着率や組織パフォーマンスの向上が期待できると考えて、ES を低下させる衛生要因（人間関係／職場環境／給与体系／福利厚生など）に対して不満を抱か

[*14] Employee Satisfaction の略。従業員満足度は仕事や職場についてどれくらい満足しているかを表す指標。従業員の満足度が高まれば人材の定着率や生産性の向上が期待できる。

5.4 新たな時代のマネジメントへ

せず、ESを向上させる動機づけ要因（やりがい／評価／納得感など）を高めるために対策を整備していく。会社が働きやすい環境を提供し、"もっと働け"と鼓舞する効率第一主義の職場づくりが求められる時代だったのだ。

「個の時代」は人の力を信じて自律性を認め目的を共有しながら成長を促すマネジメントが求められ、主観や価値観をベースにした個の"思い"を資源と捉えるようになっている。活躍できる土台として多彩な人材が仕事に参画できる場面を用意し、個人の経験／能力／考え方が尊重され活かされるインクルージョンな組織[*15]づくりが求められているのだ。

ESは会社から与えられたものに対する満足の程度にすぎないので、インクルージョンな組織ではその先にあるウェルビーイングへの取組みが課題だ。厚生労働省によってウェルビーイングは「個人の権利や自己実現が保障され、身体的、精神的、社会的に良好な状態にあることを意味する概念」と定義されている。政府主導の働き方改革などはウェルビーイング向上の出発点ともいえるだろう。日本企業が長い間スルーしてきた個人の精神的／肉体的／社会的に満たされた状況をつくり出し、働きがいの提供でかしこく働けるように手助けする共感第一主義の職場づくりが求められるようになっている（図5-14）。

(2) 新しいマネジメントの必要性

1970年代にはワークライフバランスやダイバーシティが話題にのぼること

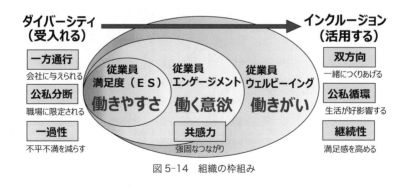

図5-14　組織の枠組み

---

*15　個人個人を尊重する風土を醸成した一体感のある組織を指す。組織を構成するすべてのメンバーが、自分自身の経験／能力／考え方などが他者から認められビジネスに活かされていると感じられる状態を保つことで組織パフォーマンスやESの向上を図ることができる。

第5章　押さえておきたい管理者研修の時代的な背景

はなかったし、ハラスメントやメンタルヘルスも今のような深刻さはなかった。インターネットは8ビットパソコンと1Gアナログ通信の世代であり、エッジコンピューティングや5Gデジタル通信による恩恵などはSFの世界観でしかなかったはずだ。しかもコロナ禍がなければ"リモート"や"フレキシブル"という新しいワークスタイルが日本社会に定着するまでもっと時間を要していただろう。そのうえ現在は機械学習やA. I.が労働生産性の定義を根本からくつがえそうとしている。肝心の会社組織がレガシーのまま硬直していたのではタコつぼ化して部門間やプロセス間のやりとりが時代の流れに柔軟対応できまい。組織横断さらには他社をも巻き込むエコシステムの構築が求められ、組織能力を高めるためにキャリアパスやジョブローテーションなど社内人材の流動化にも取り組まなければならなくなっているし、戦略的に未来を創る人材や仕組みをどう育てていくかも課題だ。現有のリソースを最大活用する必要性からダイナミック・ケイパビリティ[*16]が不可欠になり、個人の力を重要な経営資

表5-3　インターネットの歴史

年代	利用状態	通信システム
1980	マイコン時代 ・8ビットパソコン ・Original PC ・Macintosh	1G アナログ無線通信世代 ・自動車電話 ・メインフレーム
1990	Web1.0 ホームページ 1方向Web Read（読み取り）時代	2G デジタル通信第一世代 デジタル通信サービス ・ハイパーテキスト ・オープンサーバー
2000	Web2.0 ソーシャルネット 2次元Web Write（書き込み）時代	3G デジタル通信第二世代 マルチレートデジタル通信 ・モバイルインターネット ・クライアントサーバー
2010		4G デジタル通信第三世代 超高速デジタル通信 ・リッチコンテンツ ・クラウドコンピューティング
2020	Web3.0 ブロックチェーン 3次元Web Own（所有する）時代	5G デジタル通信第四世代 スモールセル通信 ・OnlineとOfflineの融合 ・エッジコンピューティング

源と捉えて全社人事に反映するタレント・マネジメント*17 の導入が始まっている。

　進化には、同一種内で変容していくシリアルな小進化と別系統が生じて種の流れを変えてしまうパラレルな大進化があるという。人類史で久しく訪れていなかった大進化がコロナ禍によって出現してしまったのだ。これまでと同じ発想／方法で多少化粧直しした程度の改革では、ビジネスモデルを変容させることができても変化させることはできない。

　変化の波に乗れないビジネスモデルは淘汰され、伝統的なマネジメントスタイルのままでは陳腐化してしまいかねない。"思い"をもたない管理者は遅かれ早かれA.I.に置き換えられてしまうだろう。管理者研修のあり様は新しい時代感覚にあわせて仕切り直しされるべき時期に来ている。

【参考文献】
1) 日本コンサルタントグループ（1974）『企業内教育訓練実務便覧』日本コンサルタントグループ
2) 作古貞義 編著（2006）『サービスマネジメント概論』学文社
3) 前沢秀治 監修執筆（1994）『ホテル開発実務マニュアル』日本コンサルタントグループ
4) ジェイ・B・バーニー（2003）『企業戦略論【上】【中】【下】』ダイヤモンド社
5) 谷本寛治（2006）『CSR』NTT出版
6) 水野雅弘・原裕（2020）『SDGsが生み出す未来のビジネス』インプレス
7) H.I.アンゾフ（1980）『戦略経営論』産業能率大学出版部
8) ジャスパー・ウ（2019）『実践スタンフォード式デザイン思考』インプレス
9) 照屋華子・岡田恵子（2001）『ロジカル・シンキング』東洋経済新報社
10) クレイトン・M・クリステンセン他（2017）『ジョブ理論』ハーパーコリンズ・ジャパン
11) 日本コンサルタントグループ（1988）『中小企業経営者実務便覧』日本コンサルタントグループ
12) 荒川和久（2017）『超ソロ社会』PHP研究所
13) 尾登雄平（2022）『「働き方改革」の人類史』イースト・プレス
14) ビル・ジョージ（2004）『ミッション・リーダーシップ』生産性出版
15) ジム・コリンズ（1995）『ビジョナリー・カンパニー』日経BP
16) 経済産業省・厚生労働省・文部科学省（2020）『2020年版ものづくり白書』
17) エド・マイケルズ他（2002）『ウォー・フォー・タレント』翔泳社

*16　カリフォルニア大学のティースが提唱した概念で、複雑化する経営環境の変化に適応するために経営資源の再活用や再編成で事業や組織を変革する能力。その実現にはDXが必要不可欠とされている。
*17　全米人材マネジメント協会は「人材の採用／選抜／適切な配置／リーダー育成／評価／報酬／後継者育成など各種の取組みを通じて職場の生産性を改善し、必要なスキルをもつ人材の意欲を増進させ、その適性の有効活用で成果に結びつけるプロセスを確立すること」と定義している。

第6章　ツーリズム産業版 MTP 設計の試み

6.1　MTP はツーリズム産業に効果的か[*1]

　そもそも「産業訓練」ということからして聞き慣れない用語になっているのが、「ツーリズム産業」の残念な特徴になってしまっている。政府は成長戦略に「観光立国」を据えたものの、実態は依然として「お寒い」のが現状ではないか。本節では、まずは「MTP とは何か」から紐解き、筆者が実施した「MTP 模擬訓練」についてレポートする。ツーリズム産業従事者の皆様に向けて、古くても新しい視界が開ける MTP の効果と期待について述べる。

(1)　心もとないマネジメントの実態

　政府は、2016年の「明日の日本を支える観光ビジョン構想会議」において、観光産業を日本の基幹産業とするべく産業従事者の人材育成を重要な柱のひとつと位置付けた。そのうえで、観光産業の担い手を、①観光産業をリードするトップレベルの経営人材、②観光の中核を担う人材、さらには、③即戦力となる地域の実践的な観光人材、の三層構造によって育成、強化していく必要があるとの認識のもと、さまざまな施策が実施された。
　しかしながら、2020年度における上記①の事業報告では、「個社のマネジメント力不足」や産業全体を通じた協働をけん引する「担い手の不在」が指摘されている。同様に、②でも「知識や考えなど引き出しが多く、いろいろな考え方ができる人」、前例に囚われず「行動できる人」、また「業界を進化、変革していくリーダー資質をもった人」が観光産業に必要な人材要件として挙げられた。その後の2022年度についても「リカレント教育等を通じて地域の観光産業をリードする人材の育成・強化を行うとともに、新たな雇用体系を取り入れた人材の確保・活用等を推進」とあり、取組みが依然道半ばにある現状が見て取れる。

[*1] 本項は、一般社団法人 サービス連合情報総研（2022）『SQUARE- #208 2022年冬号』、特集「教育訓練のゆくえ」より、青木昌城「観光業における古典的産業訓練の有効性 -MTP は人的サービス業に効果的か-」を一部加筆修正した。

6.1 MTP はツーリズム産業に効果的か

　こうしたなか、日本国際観光学会・観光マネジメント研究部会では、戦後にGHQ を通じて主に製造業へ導入された「MTP：Management Training Program」に注目し、観光産業への導入を促進するための方策や業界向けテキストの開発などを研究してきた。MTP は、導入からほぼ 80 年を経ていることから、あえて「古典的産業訓練」と本節では呼ぶこととするが、それは、われわれがいる「ツーリズム産業」にとってほとんど知名度がないばかりか、その「歴史の古さ」がかえって時代遅れにもみえることは否めないからである。しかし、文学もしかりで、いまなお続いていることの価値を侮ってはならない。いまだに、わが国製造業は MTP を社内文化の基礎にして、世界トップレベルの実績を維持しているのである。なお、本節でいう「ツーリズム産業」とは、旅行業、宿泊業などを一括して指す。

⑵　わが国での MTP の歴史と普及の背景
　さて、「MTP」という用語をご存じの方はいかほどであろうか。MTP とは前述のとおり「Management Training Program」のことで、わが国産業界へ最初に導入を図ったのは、終戦直後の米軍立川基地における日本人従業員向け「管理職育成メソッド」としてであった。常に高度な精度が要求される航空機部品の調達にあたって、工場内の技術者や職人の個人的技能だけに頼るのでは不十分で、組織を運営するための手法を管理職が知らないでは技術の維持発展はないと考えていたからであった。
　実際に、効果は導入企業の経営者にも期待以上だったために、ことに製造業を中心にわが国産業界に浸透した。これには、当時の通商産業省と日本経済団体連合会（日経連）が「日本語版」普及の推進役となって、1955（昭和 30）年には、日本産業訓練協会（日産訓）が設立されて移管され、業界を挙げて強力に推進された経緯がある。
　したがって、わが国における MTP は 80 年近くもの歴史がありながら、いまも「現役」教育プログラムという位置付けになっている。これは、日本産業訓練協会が編集発行している MTP テキストが、現在「第 13 版」であることからもうかがえる。6 年程度で「新版」となっており、随時改訂がなされ続けている。なお、2024 年秋より「第 14 版」の準備が始まるとのことである。

第6章　ツーリズム産業版MTP設計の試み

(3) MTP の位置付け

　MTPでいう「Management」とは、組織運営の手法やセオリーを意味する。また、MTPの有効性は「すべての組織」に使える、と評価されている。それは「組織の定義」を確認すれば明らかである。第1章でも解説したように、近代経営学の祖のひとりであるバーナードの定義を借りれば、組織とは「2人以上の人びととの、意識的に調整された活動または諸力のシステム」であり、同じ目的・目標をもって個人が2人以上集まって行動を開始すれば、それは「組織」となる。したがって、町内会・自治会から学校の部活にも、もっといえば夫婦・家族にも、MTPは有効だと考えられている。

　すると、「Management」のやり方がわからない、あるいは自己流の本人任せという状態は、組織にとっては致命的にもなりかねない。目的・目標の達成が困難になる可能性が高いからで、逆にいえば、組織構成員、特に経営層と管理職層にあたる幹部の人びとの全員が「Management」を心得ている状態を構築すれば、目的・目標の達成が実現する可能性が格段に高くなる、という意味となるのである。

　これは、すべての「研修」の基礎をなすともいえるので、建物に例えれば土地や土台にあたるといえる（P73 図4-2参照）。この基礎の上に、「組織責任者として共通する能力」を磨くための研修があり、また「担当部門としての専門的な能力」を磨くための研修がある、と位置付けることができるのである。

　企業内の研修で行われている、人事管理や労務管理、予算管理やリスク管理などが前者の組織責任者としての能力形成にあたり、経理、財務、マーケティングやITなどの研修が後者の担当部門としての能力形成にあたる。

　すると、ツーリズム産業の場合、基礎が軟弱な状態で上物を建てるという「砂上の楼閣」といえば言い過ぎだろうが、極めて「不効率」な研修を重ねてきてはいないかとの疑問が生まれるのだ。もし、このことが研修の成果についての疑問になるなら、それはかなり不幸なことといわざるを得ないし、カネと時間という経営資源の無駄遣いが経営そのものを危うくしている可能性まで考えられる。昨今の「人件費削減ブーム」のなかで、「（先述の上物にあたる）研修予算」が真っ先に削減指示を受ける最大の理由なのではなかろうか。そして、そこにはMTPの存在を知らない、ということも含まれると考えられるのである。

⑷ MTP 成功の条件

　MTP の内容はどれもが経営判断につながることなので、トップ・マネジメントの理解が必要だ。主に製造業で 80 年近く活用されている歴史があり、なお、テキストの「新版」製作の検討がされている背景には、経営者が認める「効果」があって、これが「確信」となり、さらに「社風：組織文化」を形成するに至っているからである。

　なお、起点は「製造業」であるが、MTP は「すべての組織に有効」だということを思い出せば、なにも企業組織のみならず「労働組合組織」にも有効なのはいうまでもない。労働組合組織もまた、目的・目標を同じくする人間集団であるからである。

　「成功の条件」の第一は、先に挙げた「経営層と管理職層」の全員が、速やかに MTP の経験を得ることだ。これが、「社風：組織文化」への第一歩になるからで、また、MTP は、担当部門としての能力形成によくみられる「選抜者だけ」が知っている、ムラのある状態を好まない。「社風：組織文化」の形成とは、その組織内での「常識」になることを意味するからである。

　第二に、新任管理職や新幹部への MTP 実施を継続的に実施することだ。実際に、MTP を導入した「老舗」では社内に MTP 用語があふれているため、新入社員時代から自然と MTP の企業風土に染まっていくことになる。

　それで、製造業では、上司からの MTP への受講参加要請は、そのまま「管理職昇格の内示」となっている。こうして「組織マネジメント」のノウハウが、次世代に確実に引き継がれていく仕組みを意識的に作っているのである。

　製造業が「モノづくりは、人づくり」を基本にしているといわれるのは、このことを指している。なお、製造業を中心とした MTP 受講者数累計は、内製的な企業内研修が多数実行されているため厳密な把握は困難であるが、最低でも 100 万人以上あるいは 300 万人ともいわれている。これは、製造業における管理職数に照らした場合の推定としてまだ「控え目」な数字といえる。

⑸ ツーリズム産業に MTP がほとんど普及しなかった理由

　残念ながら、戦後の「食うや食わず」の時代背景のため、観光業が「未産業化」状態であったことから、MTP の導入・普及は後回しになっていたように思える。しかし、高度経済成長期に一部のホテル等で実施されたことは筆者が確認している。継続しなかった理由はいまや推測の範囲を超えない。

第 6 章　ツーリズム産業版 MTP 設計の試み

　また、バス事業者やタクシー・ハイヤー会社において、MTP が 20 年以上前から実施されていることも確認している（第 8 章の国際自動車のインタビューを参照）。すると、前述した国の指摘する「2020 年度における①の事業報告」での「個社のマネジメント力不足」や「産業全体をつうじた協働をけん引する担い手の不在」という指摘が、ひとつの MTP 普及の阻害要因としての答えではないかと思われる。ズバリ「マネジメント力不足」という指摘は、まさに「ループ」する問題になっていると考えられる。管理職層のみならず、経営者層に「マネジメント力不足」との指摘があることは、産業として極めて残念な状態だといえるのである。

⑹　労組幹部と会社代表への MTP 体験の実施

　以上のような危機感もあって、2020 年に観光マネジメント研究部会が発足し、ツーリズム産業における「マネジメント力強化」のための MTP の有効性と普及について研究してきた。これには、前述のとおり、わが国観光業の発展には観光資源開発もさることながら、なによりも当事者の「マネジメント力不足」を払拭したいという思いからであった。筆者の私見ではあるが、「人手不足」の本質は経営者層と管理職層を併せた「マネジメント層」にこそあると感じているのは、以上述べたことに理由がある。

　そこで、阪急阪神交通社グループ労働組合連合会と株式会社阪急交通社の協力のもと、組合幹部 6 人・会社代表 1 人への「MTP 模擬訓練」を実施するに至った。目的は、ツーリズム産業にどこまでオリジナルの MTP が通用するかの確認にある。「模擬訓練」とはいえ内容は「完全版」で、協会公認 MTP インストラクターである筆者がテキスト第 13 版を用いて「規定通り」の 28 時間（7 時間×4 日間）のコースを担当した。また、オブザーバーとして、2 日目には株式会社日本旅行の労使の幹部それぞれ 1 人ずつに終日見学いただいた。

　なお、模擬訓練実施にあたっては、前もって 4 時間にわたる事前説明会（MTP の背景理解と圧縮版）を実施し、これを受けて今回の「模擬訓練」への参加の賛同を受けた経緯がある。労連委員長からは、「先ず隗より始めよ」という心強い言葉をいただいた。

⑺　体験の感想

　途中 2 回、参加者からの自由意見をいただく機会を設け、内容やテキストに

6.1 MTPはツーリズム産業に効果的か

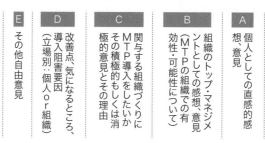

A	B	C	D	E
個人としての直感的感想、意見	組織のトップ・マネジメントとしての感想、意見（MTPの組織での有効性・可能性について）	MTP導入に関与する組織づくりにその積極的もしくは消極的意見とその理由	改善点、気になるところ、導入阻害要因（立場別：個人or組織）	その他自由意見

図6-1　研修における質問事項

ついての「意見や異見」を尋ねた。これらの時点では、たとえば、事例研究における事例が製造業に偏っている、4日間28時間は長いので圧縮できないかなどが多かったのが印象的であった。最終日には、全コース終了後に約1時間の意見交換を行ったので、これを以下に報告する。なお、事前に用意した質問項目は図6-1のとおりである。

　紙幅の都合で詳細には記述できないものの、全員が「好評価」で、途中経過における「異見」はおおむね否定されたことが注目される。これは、MTPのコース構成が6部に分かれていて、最終の「第Ⅵ部」におけるコース全体の集大成をもって全体像が受講者に明確になり、コース内での研究が一気に花咲くようにできているからと思われる。また、このことが、受講者の気分と脳内整理を「スッキリ」させ、マネジメントの大切さを実感するのだと推測できる（詳細は第4章MTPプログラムの構成を参照）。

　ことに、ふだんからモヤモヤしていたことが言語化されたという意見は印象的で、学生時代に学んだマネジメントの授業を思い出しつつ日々追われる実務体験とを重ねた「反省」や、若手時代の上司からの理不尽な対応や無責任さを改めて問題視できるようになったなどの個人的見解はもとより、組織の幹部として自分がやるべきことの確認ができたことに充実感を得たという意見が相次いだことは注目される。

図6-2　研修の様子

　「MTPテキスト」に掲載されて

139

第6章　ツーリズム産業版 MTP 設計の試み

いる文言や事例が製造業に偏っている、という初期の感想は最終的にはほぼ聞かれなくなり、むしろ「版を重ねた」歴史的にもよく練られた文言を変えることの無意味さを指摘する意見もあり、この程度の他産業の事例をサービス業従事者として管理職が自身の経験に応用して読み取れないことの方が問題だとする指摘もあった。多忙な管理職を4日間も拘束することについては、長い管理職生活を考えれば大したことではない、というコース初期からの「異見の転換」に全員が同意したことも印象的である。

　前述したとおり、経営層とマネジメント層の全員が MTP を理解できていることこそ「組織づくり」の一丁目一番地であると強調してきたのは、選抜された誰か数人だけがわかっている状態では組織マネジメントに「ムラ」ができてしまうからだが、何より、このことの意味を労使共に実感してもらえたことが今回の大きな成果であった。

6.2　ツーリズム産業向けシート集と事例

(1) MTPのテキストの事例

　日本産業訓練協会による MTP 講習の受講生が使用する資料では、内容をより深く理解するために、それぞれの項目で、数多くの事例を扱っている。13次にわたる改訂作業によって、過不足なく内容を深く理解するための事例として完成度は高い。多くの事例は製造業の職場が舞台として使われている。これは MTP の受講者の多くが製造業の社員であることから、よりなじみのある職場の事例を使用していると思われる。また、MTP における事例のすべてが、「実話」を基に構成されていることも特徴にある。

　実際に MTP のテキストをツーリズム産業の社員が使用することを前提に想定した場合、MTP で使用されている23の事例を検証すると、間接部門の事務職を舞台としているものが多くある。また製造現場の事例であってもツーリズム産業の立場からでも違和感なく議論できる事例も多数あることが、前述のツーリズム産業における「MTP 模擬訓練」において確認されている。一部の事例をツーリズム産業の職場に置き換えることによって、より理解が進むと思われるため、ツーリズム産業の職場での事例に置き換えてみることとした。なお、本事例も実話からのものである。

6.2 ツーリズム産業向けシート集と事例

(2) ツーリズム産業の職場に「計画」事例を置き換える

　置き換えが望ましいと思われる事例は、第 3 セッション「計画」の事例である。この事例は、とあるプラスチック工場が、新しい製品を受注したことで、その生産計画を立てるというシチュエーションである。
　製造業の組織構造や、それぞれの役職者の権限に対する基礎知識がないと、事例を使った議論をするときに、誤った方向に議論が進むおそれがあると思われることから、より親しみをもって正しく議論ができるように、下記のように変更した。

(3) オリジナル事例

第 3 セッション　計　画

　　　　　　　　　　　新製品の生産　　　　　　　　　　　　事　例

　D プラスチック工業株式会社は、新潟県魚沼郡にあり、正規従業員 110 名、パートなど非常勤従業員 35 人の規模で、大型のものはゴミバケツ、家庭用小型なものは生ゴミ用バケツの生産を主としています。
　このほど新幹線レール敷設用の部品として、プラスチックの絶縁体の開発に成功し、A 鉄道会社との契約が成立しました。

　工場長は、製造、営業、技術、労務の各課長（経理課長なども含む）を中心とする絶縁体生産に関する会議を 4 月初旬に開催しました。その結果、工場長の方針として、①納期の厳守②品質の確保の 2 項目が強く打ち出されました。会議の席上で決定された事項としては、第 1 期の納品は、5 月末 6,500 個、6 月末 7,000 個、7 月末 7,000 個の計 20,500 個で、分納は認められていましたが、納入先の加工の都合上、月末納入数量の変更は許されていませんでした。納入場所は、東京・荒川の工場です。

　製造課長は、新製品の生産担当部門を下図のように決め、関係部門の責任者と打ち合わせ会を開き、次のことが確認されました。

　この種の製品の製造設備としては、日産 300 個（8 時間当たり）のプレス 5 基がありますが、金型の関係上、第 1 期の納品には、そのうち 1 基のみが使用されることになりました。

　成形工程の作業員は、全員熟練工ですが、絶縁体の生産は初めてです。しかし、

141

第 6 章　ツーリズム産業版 MTP 設計の試み

類似品の生産経験はあり、標準書によって操作すれば、問題はないはずです。加工工程については、新人が5名、4月中旬に配属されることが決定し、この工程の絶縁体加工に従事する作業員は、熟練工を含めて16名となります。この工程の作業は、バリ取り、ヤスリかけ、のこぎり切断が主業務です。

　品質については、精度が厳格であり、許容誤差は極めて小さく、物性についての規格はやかましいものでした。このことは、乾燥済みの原料に、湿気を含ませないこと、製品について有機溶剤を接触させないことを意味していました。

　生産開始は5月6日からで、4月中は諸種の準備期間とされました。

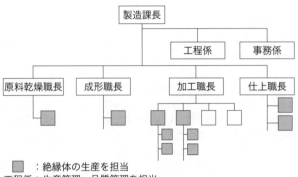

(4)　ツーリズム産業の現場への変更

　上記のオリジナル事例の本質を損なうことがないように、業種と、扱う商品と関係者を下記のように入れ替えてツーリズム産業の現場の事例に変更を試みる。

● Dプラスチック工業株式会社
　　→　D温泉の大型ホテル D温泉グランドホテル株式会社
● 大型のものはゴミバケツ、家庭用小型なものは生ゴミ用バケツの生産
　　→　大型の団体は、農閑期の農業団体旅行、少人数は家族旅行
● 新幹線レール敷設用の部品として、プラスチックの絶縁体の開発に成功し、A鉄道会社と契約が成立しました。

6.2　ツーリズム産業向けシート集と事例

- → 8月に東京で行われるスポーツ世界大会に向けて、参加国のうち、とある外国チームの事前合宿の宿舎として受注に成功して、スポーツ世界大会を主管する旅行会社と契約が成立しました。
- ●工場長は、製造、営業、技術、労務の各課長（経理課長なども含む）を中心とする絶縁体生産に関する会議を4月初旬に開催しました。
  - → 総支配人は、旅行会社を交えて、調理、営業、宴会、客室、総務の各支配人を中心とする、当該チームの事前合宿受け入れに関する会議を3月に開催しました。
- ●工場長の方針として、①納期の厳守②品質の確保の2項目が強く打ち出されました。
  - → 旅行会社の方針として、①世界大会を成功させること②チームの要望に応えることの2項目が強く打ち出されました。
- ●第1期の納品は、5月末6,500個、6月末7,000個、7月末7,000個の計20,500個で、分納は認められていましたが、納入先の加工の都合上、月末納入数量の変更は許されていませんでした。納入場所は、東京・荒川の工場です。
  - → 先遣隊として6名が先乗りし、本隊50名の到着は6月11日で、7月末まで50日間の事前合宿を行います。
- ●製造課長は、新製品の生産担当部門を下図のように
  - → 総支配人と旅行会社の担当者は、事前合宿の受け入れ担当を下図のように
- ●この種の製品の製造設備としては、日産300個（8時間当たり）のプレス5基がありますが、金型の関係上、第1期の納品には、そのうち1基のみが使用されることになりました。
  - → 日本人の団体の受け入れには、一室定員6名の和洋室に4人ずつ泊まっていただいているが、今回はベッドを希望された関係上、各室2名が上限となりました。
- ●成形工程の作業員は、全員熟練工ですが、絶縁体の生産は初めてです。
  - → 調理担当者は、全員ベテランですが、料理長をはじめ、当外国人アスリート向けに料理を作るのは初めてです。
- ●しかし、類似品の生産の経験はあり、標準書によって操作すれば、問題はないはずです。

143

第6章 ツーリズム産業版 MTP 設計の試み

→ しかし、シティホテル出身の洋食調理スタッフの経験者もいて、レシピに添って調理すれば問題はないはずです。
●加工工程については、新人が5名、4月中旬に配属されることが決定し、この工程の絶縁体加工に従事する作業員は、熟練工を含めて16名となります。
→ 客室部門については新人が10名、4月中旬に配属されることが決定し、事前合宿に従事するスタッフは、近隣の主婦パート20名も含めて50名となります。
●この工程の作業は、バリ取り、ヤスリかけ、ノコギリ切断が主業務です。
→ 客室部門の作業は、客室清掃、洗濯物の受け入れ、諸々の要請への対応が主業務です。
●品質については、精度が厳格であり、許容誤差は極めて小さく、物性についての規格はやかましいものでした。
→ 選手たちの健康管理は厳格で、食事の栄養管理、衛生管理はもちろんのこと、ドーピング対策や宗教的食材制限は絶対条件でした。
●このことは、乾燥済みの原材料に湿気を含ませないこと、製品に有機溶剤を接触させないことを意味していました。
→ このことは、食材とその食材の仕入れ先が限定され、調味料や調理器具についても他のお客様と共用できないことを意味していました。
●生産開始は5月6日からで、4月中は諸種の準備期間とされました。
→ 先遣隊の到着は5月20日で、4月中は諸種の準備期間とされました。

第3セッション　計　画

事 例

新しい団体の受注

　D温泉の大型ホテルD温泉グランドホテル株式会社は、新潟県魚沼郡にあり、総部屋数100室（和室50室、和洋室50室）正規従業員90名、パートなど非常勤従業員50人の規模で、通常の大型団体は、農閑期の農業団体旅行、少人数は家族旅行の受け入れを主としています。
　このほど8月に東京で行われるスポーツ世界大会に向けて、参加国のうち、とある外国チームの事前合宿の宿舎として受注に成功して、スポーツ世界大会を主管する旅行会社と契約が成立しました。
　総支配人は、旅行会社を交えて、調理、営業、宴会、客室、総務の各支配人を中

心とする、当該チームの事前合宿受け入れに関する会議を3月に開催しました。
　旅行会社の方針として、①世界大会を成功させること②チームの要望に応えることの2項目が強く打ち出されました。
　先遣隊として6名が先乗りし、本隊50名の到着は6月11日で、7月末まで50日間の事前合宿を行います。

　総支配人と旅行会社の担当者は、事前合宿の受け入れ担当を下図のように決め、関係部門の責任者と打ち合わせ会を開き、次のことが確認されました。

　通常、日本人の団体の受け入れには、一室定員6名の和洋室に4人ずつ泊まっていただいているが、今回はベッドを希望された関係上、各室2名が上限となりました。
　調理担当者は、全員ベテランですが、料理長をはじめ、当外国人アスリート向けに料理を作るのは初めてです。しかし、シティホテル出身の洋食調理スタッフの経験者もいて、レシピに添って調理すれば問題はないはずです。
　客室部門については新人が10名、4月中旬に配属されることが決定し、事前合宿に従事するスタッフは、近隣の主婦パート20名も含めて50名となります。客室部門の作業は、客室清掃、洗濯物の受け入れ、諸々の要請への対応が主業務です。

　選手たちの健康管理は厳格で、食事の栄養管理、衛生管理はもちろんのこと、ドーピング対策や宗教的食材制限は絶対条件でした。
　このことは、食材とその食材の仕入れ先が限定され、調味料や調理器具についても他のお客様と共用できないことを意味していました。

　先遣隊の到着は5月20日で、4月中は諸種の準備期間とされました。

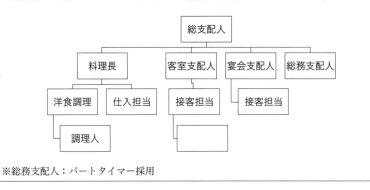

※総務支配人：パートタイマー採用

(5)　「計画」事例の使い方

　以下に変更した「計画」事例を使って受講者に議論を促すポイントを記して

第 6 章　ツーリズム産業版 MTP 設計の試み

おきたい。
1. 立場によって計画の視点が違う
　　　・総支配人の立場　・総務支配人の立場　・仕入担当の立場　etc.
2. 目的を明らかにする
　① 諸計画を立てる当面の目的は、何ですか？
　② 究極の目的は何ですか？
　③ 当面の目標達成に関する制約条件は何ですか？　etc.
3. 事実をつかむ
　① 人について
　② 物について
　③ 時間について　etc.
4. 事実について考える
　① 採用計画
　② 仕入れ計画
　③ 作業計画　etc.
5. 計画を決める
　① 複数の計画（案）を立てる
　② 目的に合致しているのか

⑹　MTP をツーリズム産業で進めていくために

　MTP で扱うテーマの中でも「信頼関係の形成／人をめぐる問題の解決」は重要な部分として取り上げられている。ツーリズム産業は、組織内においても、対外的な活動としても、主に人を扱う産業であり、「信頼関係の形成／人をめぐる問題の解決」は、全産業中でもことさらツーリズム産業においては最重要なテーマである。
　また、昨今の接客業における問題として、若者を中心とする離職問題や、次節にて示す顧客との関係性の悪化（カスタマーハラスメント）を含む種々のハラスメント事象の顕在化などが大きな問題となっている。
　MTP における「信頼関係の形成／人をめぐる問題の解決」はこうした問題についても理論的に網羅していて、その点でもツーリズム産業の問題の解決にも十分に対応できることを強調しておく。

6.3 信頼関係の形成／人をめぐる問題の解決

ここでは、第10セッション「人をめぐる問題の解決」のハラスメントについて述べる。

(1) 女性ならではのライフステージに関するハラスメント
① ハラスメントの概要

セクシュアルハラスメントの一種に妊娠・出産・育児休業・介護休業等に関するハラスメントが存在する。このハラスメントについては、改正男女雇用機会均等法と改正育児・介護休業法において、不利益な取り扱いの禁止規定だけでなく、労働者の就業環境を害することがないよう防止措置を講ずることが事業主の義務となっている。妊娠・出産は女性ならではのライフイベントであるため、これまではこうしたハラスメントの対象は女性労働者だった。しかし、介護休業や男性の育児休業の増加に伴い、男性もその対象になるようになってきた。

厚生労働省が発行しているパンフレット[1]によると、職場における妊娠・出産・育児休業等に関するハラスメントは「制度等の利用への嫌がらせ型」と「状態への嫌がらせ型」の2種類に区分される。

「制度等の利用への嫌がらせ型」は全労働者が対象となる。労働者が産前産後休暇、育児休業、介護休業等の制度を利用するにあたっての、解雇や降格、昇級などに関する不利益な取り扱いを示唆する行動、言動等がハラスメントの具体例とされている。また、そもそも制度を利用させないといった、制度利用やその請求を阻害する行動、言動や、制度を利用したことによる嫌がらせもハラスメントの一例となっている。一方、「状態への嫌がらせ型」は主に女性労働者が対象となる。妊娠をしたことによる解雇や不利益な取り扱い、嫌がらせが該当する。

ともに法改正によって、禁止や防止措置が事業主に義務付けられているものの、一般的にはこうしたハラスメントは現在においても発生しているといわれている。特に2022年から出生時育児休業（通称：産後パパ育休）が制度化されてからは、男性の育児休業等の制度利用におけるハラスメントが懸念される。

② ツーリズム産業における実態

ツーリズム産業においても同様のハラスメントは少なからず発生しているも

第6章　ツーリズム産業版 MTP 設計の試み

のと思慮される。特に男性の育児休業は、取得を推進している企業が多く、旅行業のある会社では、産後パパ育休の取得を原則100%にするという方針を打ち出している。しかもA社では本来無給である産後パパ育休期間のうち14日間までを、B社では28日間までを有給化することにより、産後パパ育休の取得を促している。しかしながら、旅行会社労働組合役員によると、休業を取得することにより、業務が滞る、代替人員が確保できないなどの理由から、現場においては、制度利用を阻害する言動が少なからず発生しているという声があるという。

　また、上述のように一部の育児休業を有給化している企業や、育児休業給付金の額が一定の基準を下回る際に共済会から収入を補填する制度をもっている企業もあり、育児休業取得者に対しては手厚いサポートがある。一方、休業取得者の分まで業務に取り組む必要がある職場の労働者にはインセンティブはない。こうした軋轢のようなものが制度利用におけるハラスメントの要因のひとつになっている可能性があるのではないか。

　宿泊業では旅行業のように産後パパ育休の一部を有給化するといった企業独自の取組みはほとんどない。しかし、旅行業と同様に制度利用を推進している企業は多く、同様の課題はあるものと推察する。ただ、株式会社阪急阪神ホテルズの労働組合役員によると、当該ホテルでは上司による制度利用を阻害するような言動はほとんど見受けられないという。その理由は突発的な休暇とは異なり、育児休業は前もって休業の日程がわかっているというものである。前もって取得者と取得時期が明確化されているため、業務の調整をしやすく、現場における不満が噴出するといったことは極めて少ないと聞く。

　他方、「制度等の利用への嫌がらせ」のひとつとしてツーリズム産業で特徴的なことは、制度利用後のキャリア形成が挙げられる。ツーリズム産業は特に女性労働者において、産休・育休から復帰したのちのキャリアアップが進んでいないといわれている。企業の制度としては原則産休・育休取得直前の職位で同職場に復帰させるとしている企業が多い。しかし、復帰後に育児のための短時間勤務制度を利用しなければならない労働者が多く、その利用を理由に、キャリアアップが阻害される可能性がある。

　その理由のひとつは、短時間勤務制度利用者は、管理職の役割を果たせない、マネジメントができないという旧態依然の考えが残っているからであると考えられる。職場においては、勤務時間が短いという理由や育児をしている労働者

6.3 信頼関係の形成／人をめぐる問題の解決

が子供の体調不良等、育児に関する不測の事態に対応しなければならないという理由により、上司や同僚、部下から管理職や役職に応じた役割を果たせていないというレッテルを貼られてしまうことに起因しているという。そうした一種の「制度等の利用への嫌がらせ」がこれまで多く発生し、自ら役職の降格を願い出る女性労働者が多く存在した。こうしたことがこれまで継続的に発生していたため、現在では育休からの復職時に自ら役職の降格をさせたうえで、職場復帰しているという労働者も少なくないと聞く。このような風潮が残っている産業では、女性のキャリアアップが進まないだけでなく、今後男性も育児休業の取得を推進しても、復職後に制度を利用したことによるハラスメントが発生し、キャリア形成を阻害されてしまう可能性があるのではないか。

⑵ パワーハラスメント

① ハラスメントの概要

パワーハラスメントは職場における優位性や職務上の地位を利用し、精神的・肉体的に苦痛を与え、就業環境を害するものである。上司の部下に対するハラスメントが一般的であるが、職場における優位性という観点では、さまざまな人間関係のもと発生しているとされている。近年では、パワーハラスメントに対しての社会の目が厳しくなっており、表立ったハラスメント行為は少なくなってきていると思われるが、根絶するには至っていない。

昨今では労働者の勤務に関する時間管理はどの企業も厳格化されてきており、表立ったサービス残業は減少しているといわれている。過去には終業間際に膨大な仕事を押し付け、労働者を帰宅させずに、サービス残業を強いるといったハラスメント行為もあったといわれる。しかし、複数の旅行会社労働組合役員によると、最近では仕事があっても時間外労働をさせてもらえないという事態も発生しており、それによって就業環境が害されるといったことが発生しているという。

② ツーリズム産業における実態

一般的なパワーハラスメントはツーリズム産業においてもたびたび問題となっている。ツーリズム産業特有のパワーハラスメントとして、旅行業では添乗業務の場面で発生するハラスメント行為が懸念されている。JTBでは2022年から派遣添乗員だけでなく、社員も添乗業務はすべて時間管理されるようになった。この動きは他の会社にも広がりつつある。添乗業務は事業場を離れ、

149

管理監督者がその場に不在の中、遠隔で労働時間を申告する仕組みとなっている。そのため、そこでは見かけの上で勤務を終了させ、部屋などで残りの業務をさせるといった行為の発生が懸念されているという。こうした行為は労働基準法違反であり、本来ハラスメントとは区別される。しかし、職務上の立場の優位性によって、それを拒否できない環境における事象であるため、広義ではハラスメントと位置付けてもよいのではないか。こうしたことは添乗の場面だけでなく、日々の業務でも発生している可能性がある。

　宿泊業では、特に調理部門において、類似の事象が発生しているという。調理部門は業務の特性上、専門性を有する職種であるため、下積み期間が長く、繰り返しの訓練が必要になる。業務に深く関係する訓練を上司が強制し、その時間を労働時間とみなさないという事例である。調理部門は一種の親方、弟子の関係性に近い人間関係であるため、部下はこうした事態を受け入れざるを得ない環境にあるという。これは過去から問題視されてきたものであり、最近は減少傾向と聞くが、完全に解決されているわけではない。

(3) ハラスメントに関する産業別の考えと取組み

　ツーリズム産業の産業別労働組合（産別）であるサービス・ツーリズム産業労働組合連合会（サービス連合）は「あらゆるハラスメントの撲滅にむけての取り組み」として、毎年春季生活闘争方針のひとつの項目としている。また、上部団体である日本労働組合総連合会（連合）とともに、現在は事業主の義務としてハラスメントの「防止措置」に留まっているものを、「禁止規定」とするよう取り組んでいる。これには、女性ならではのライフステージによるハラスメントやパワーハラスメントも含まれる。あわせて、日本が批准していない「ILO190号条約（仕事の世界における暴力及びハラスメントの撤廃に関する条約）」を批准させる取組みも連合とともに進めている。連合、産別ともに、ハラスメントの撲滅には労働組合の日々の活動も重要だが、その後ろ盾となる条約や法令の整備が必要という認識に立っている。

　そのなかで妊娠・出産・育児等におけるハラスメントへの対策として、以下を加盟組合に対して取り組むよう促している。

① 育児休業、介護休業に関連する就業規則、労働協約の見直しと点検をする

② 労働弱者として根付いている育児休業取得者に対する風当たりの解消を

意識した労使協議をする
③ 「男性だから」「女性だから」という文化の撲滅を意識する
④ 法改正の対応、ハラスメントの防止は企業の社会的責任であることを認識する
⑤ アンコンシャスバイアスを含めた企業風土の改善を目指す

また、パワーハラスメントについては、サービス連合では「諸基準」のなかで、以下のように記述されている。

「行為をした本人の意識の有無に関わらず、相手を不快にしたり、相手が尊厳を傷つけられたと感じさせたりする行為のことを言います。被害者の範囲は事業主が雇用するすべての労働者であり、職場の範囲は出張先、業務で使用する車中、取引先との打ち合わせの場所（接待の席も含む）など、事業主が雇用する労働者が業務を遂行する場所を指し、労働者が通常就業している場所以外の場所であっても、労働者が業務を遂行する場所であれば「職場」に含まれます。具体的な例として「男らしい」「女らしい」など、固定的な性別役割分担意識に基づいた言動は、セクハラの原因や背景になってしまう可能性があります。労働者を職場外でも継続的に監視したり、個人の私物を写真で撮影したりすること、また、上司との面談等で話した性的指向・性自認や病歴、不妊治療等の機微な個人情報について、本人の了解を得ずに、他の労働者に暴露することは、「個の侵害」型のパワハラに該当すると考えられます。どのような行為がハラスメントにあたるのか、だれもが加害者になりうるという点について周知・啓発をすることが重要です。」

ツーリズム産業では特に旅行業において、事業場以外での業務が多く発生するため、その部分について、具体的に触れられている。また、サービス連合では、「ハラスメントの防止にむけた実効ある相談・苦情への対応」として、ハラスメント発生後の迅速かつ有効な対応への取組みをまとめているものの、発生を未然に防止する観点での見解は述べられていない。

6.4 信頼関係の形成／旅行業における顧客対応現場の守り方

⑴ 「人をめぐる問題」への新たな視座

MTPの考え方が主として流通してきた製造業の現場における「人」に関連する問題を、教本たる「MTPシート集」では職場内におけるパワーハラスメントとセクシュアルハラスメントと整理している。しかしながら、教本はこれまで13次にわたる改訂がなされているものの、必ずしも当該問題を網羅的に捉えているわけではない。それは、視野の対象を職場内に限定していることと、

第 6 章　ツーリズム産業版 MTP 設計の試み

「製造業のサービス業化」に伴う新たなハラスメントへの示唆に及んでいないことにある。

　前者の問題提起を踏まえて指摘しておきたい見地は、グループ会社内の上下関係や業務の受発注に伴う主客関係を背景とする精神的あるいは肉体的苦痛を与える嫌がらせの存在だ。シート集でも言及のある対価型ハラスメントが典型といえるだろう。その背景には、「上」あるいは「主」の立場にある主体が、その職務上の地位や権限を都合よく利用することにある。先述したとおりシート集では直接的な検討には及んでいないものの、その解決には MTP 流の科学的アプローチが十分なまでに貢献する。なお、MTP では「人をめぐる問題の解決」に際して、次のような手順を示している。

① 　問題を明らかにする
② 　事実をつかむ
③ 　事実について考える
④ 　証拠をあげる
⑤ 　問題としてとりあげる
⑥ 　原因を探す
⑦ 　核心的原因をつかむ
⑧ 　目的を明らかにする
⑨ 　処置を決める
⑩ 　処置をとる
⑪ 　確かめる

　管理者として問題解決を図るうえでは、手順①から⑦における客観的視座が必要となる。とりわけ、事実に関する評価とマネジャーとして処理しなければならない問題か否かの検討が鍵といえる。注意すべきは、同一企業のひとつの事業場内における「単線的」な関係性への接近に留まるのではなく、「上」や「主」といった関係が関与することによる多面的かつ重層的な構造を解きほぐすアプローチが求められる点にある。

　主客関係について、ツーリズム産業へ目を向けてみたい。国内の伝統的旅行会社の一部では、商品造成にあたっての取引先である宿泊業や運輸業、飲食業、土産店などをサプライヤーと称する時代があった。パッケージツアー等の自社商品づくりに際して、客室や航空座席の在庫提供、送客に伴うキックバックや手数料に代表される貢献を彼らに求める支配的構造が機能していた。

6.4 信頼関係の形成／旅行業における顧客対応現場の守り方

　しかしながら、そうしたマウンティングは令和の時代はもちろん、平成の最後の 10 年ほどでほぼ消失した。サプライヤーと呼ばれた主体は、リソースの供給先が「代理店」に限られていた状態から脱出し、ダイレクトに消費者へ直結する販路を獲得したのだ。デジタル技術の進化がその背景にあるのはいうまでもない。つまり、旅行会社のリアル店舗における販売機能が衰退するのと反比例するように、彼らはオウンドメディアを通じた販売を拡大し続け、またインターネット専業旅行会社との協業を推し進めているわけである。そして、その動きはこの先も継続するに違いない。

　見下げていた相手を「パートナー」として取り繕うとしても、積年の支配に対する遺恨をなおも抱く事業者は少なくない。完売が約束されるわけではない在庫を提供したり、自社で販売すれば「上納」に及ばない手数料を支払ったりする必要がないとジャッジされて距離を完全に置かれたとき……。支配構造が完全に逆転する X デーはいつ訪れたとしても不思議ではない。事業を取り巻く環境の変化が、予期せぬ角度から「人をめぐる問題」に影響を及ぼす可能性は旅行業界に限った話ではないだろう。

　蛇足であるが、旅行業界には企業の規模によるヒエラルキーに基づく「遺恨」も存在する。「GoTo トラベルキャンペーン」と称した政府による観光産業支援策については、読者の記憶に新しいことだろう。コロナ禍で大きなダメージを受けたツーリズム産業へ間接的に国民の血税を注ぎ込む施策は、特定業界への優遇だの人の往来を増やすことで感染を一層拡大させるだのと大きな批判を招いた。その事務局業務をコンペで勝ち抜いたのが、大手旅行会社とそれらからなる業界団体だった。いざ蓋を開けてみると、事務局界隈の企業と中小旅行会社との間には情報伝達のスピードや予算配分に差がみられた。本件については、改めて別稿で論じよう。

⑵　製造業のサービス業化

　先述した「製造業のサービス業化」に伴う新たなハラスメントの本題へ入る前に、サービスたる概念への接近を試みたい。2019 年に経済産業省は企業と顧客との関係性について、「市場のサービス化」、つまりグッズ・ドミナント・ロジック（G-D ロジック）からサービス・ドミナント・ロジック（S-D ロジック）への転換が求められるとした。そのうえで、望ましい UX（ユーザーエクスペリエンス）を設計するだけでなく、それを顧客へのサービスとして持続的に提

153

第6章　ツーリズム産業版 MTP 設計の試み

供する仕組みをいかに構築するかが、多くの事業者にとっての重要な論点と評している[4]。

　関係性とブランド構築における価値の問題が交差する領域でもある価値共創については、2000年代に入ってから関心が高まってきている（青木、2011）[5]。価値共創について村松（2015）[6]は、「消費者あるいは顧客との直接的な相互関係において行われるのであり、そうした考え方を企業全体が共有することで、価値共創はより一層深まったものとなる」としている。また、プラハラードとラマスワミ（2004）[7]は、価値は企業が自由に創造することができる、あるいは価値は製品やサービスに宿るとするこれまでの価値提供の前提を疑問視し、消費者が価値を定義したり創造したりするプロセスに関与するような企業との共創経験が価値の土台となるという考え方を提示した。こうした価値共創こそが、S-Dロジックの中心的概念のひとつであるといえる（大藪、2015）[8]。

　S-Dロジックを提唱したラッシュとバーゴ（2014）[9]は、その本質を捉えるにあたっての4つの公理を示している。ここでは、第一と第二の公理に注目する。第一の公理はサービスが基本的基盤であるとしており、グッズはサービス提供のための装置と議論している。サービスとは他のアクターのベネフィットのために自身のコンピタンスを使用するプロセスでありナレッジとスキルを適用することとしたうえで、G-Dロジックに基づいて提供される製品を構成するサービスを複数形のサービシィーズと称することで区別している。第二の公理は、顧客は常に価値の共創者であるというものだ。この公理は、企業を生産者または価値の創造者とみなすG-Dロジックを否定している。また、価値は常に直接あるいはグッズを通じたアクターのインタラクションによって共創されることを示唆している。

　つまり、従来のG-Dロジックに則って製造したモノを商品として提供することを価値とする考え方から、モノをサービスの一部と捉え、サービス全体としての価値最大化を目指すS-Dロジックの採用を試みる。そのような考え方が製造業に浸透しつつあるということである。

　さて、本書が対象とする旅行業はどういった戦略を採っているのだろう。国内の旅行業に注目すると、伝統的旅行会社は旅行商品をモノとして販売することでサービスを完結するG-Dロジックの考え方を応用していた（塙、2017）[10]。原田（2015）は各社を顧客に対する高度なソリューションの提供がなく、結果として高い付加価値の創出もできていないと論じ、「サプライサイ

6.4 信頼関係の形成／旅行業における顧客対応現場の守り方

ドの代理店」と評している[11]。「こだわり」（日本旅行、2019）[12]や「ならではの価値」（トラベルビジョン、2020）[13]等のサービスを当時標榜していた各社は、顧客を販売のターゲットとしか位置付けていなかったと捉えられる。

商品やサービスを市場へ投入するにあたって各社内におけるコンテクストは存在していたと推測される。ただ、顧客とのインタラクションに基づくナレッジの相互交換が十分だったと言い切ることはできない。顧客との双方向的・共同作業的な価値共創に基づく取組みがオンライン、オフライン両チャネルともに欠けていたと整理できよう。

なお、企業と顧客とによる共同生産との認識が可能な取組みは散見されたものの、それらは、企業が提供するオファリング（グッズやサービシィーズ）そのものを顧客と共同で生産することを意味[8]している。すなわち G-D ロジックに基づいた取組みに過ぎず、先述した公理に則った価値の生産と捉えるのは困難と言わざるを得ない。

しかしながら近年、伝統的旅行会社のなかには「付加価値を追い求め、お客様に提案」（トラベルボイス、2021）[14]あるいは「お客様の実感価値向上」（JTB、2021）[15]等と中期経営計画を見直す企業がみられるようになった。また、業界団体は、新たな時代にふさわしいツーリズム実現のために協調や共創が欠かせないテーマとなる（日本旅行業協会、2022）[16]としている。こうした変化は、業界および個社が先述した S-D ロジックに基づくマーケティング戦略の採用を試み始めたものと措定できる（図 6-3）。抽象度の高い理念や概念をそのまま実務の世界で実践するのは困難であるものの、徐々に事業への浸透を図ろうとする動きがみられる。サービス・マーケティングの分野で世界的に影響を与えた S-D ロジックだが、汎用可能なフレームワークを提示するにあたっては、学術的、実務的にさらなる精緻化が求められる。

⑶ 新たなハラスメント

顧客との双方向的、共同作業的な価値共創に基づく戦略を推進するにあたって、どのような業種であろうとも顧客とのコミュニケーションの実践は不可避である。そのインタラクションにおいて発生するのが、シート集ではカバーされていない新たなハラスメントとしてのカスタマーハラスメントである。いわゆるカスハラに関する実態調査を、産業別労働組合である UA ゼンセンが 2017 年と 2020 年に実施した。それは広く報道され、あまりに酷い暴言や悪質

155

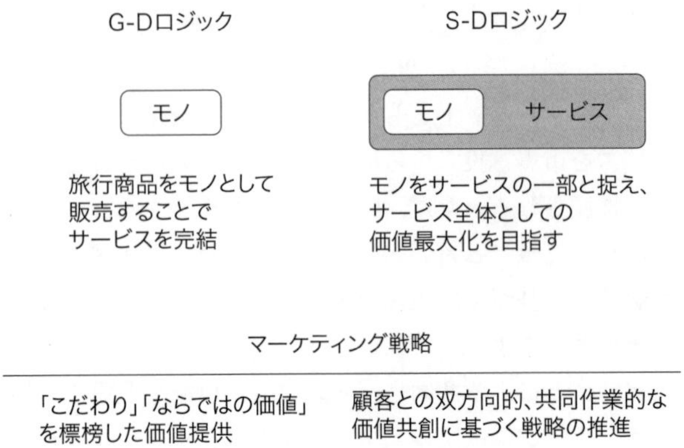

第6章　ツーリズム産業版 MTP 設計の試み

```
       G-Dロジック              S-Dロジック

        ┌─────┐          ┌─────┬─────┐
        │ モノ │          │ モノ │サービス│
        └─────┘          └─────┴─────┘

    旅行商品をモノとして      モノをサービスの一部と捉え、
    販売することで           サービス全体としての
    サービスを完結           価値最大化を目指す
```

マーケティング戦略
─────────────────────────────────────
「こだわり」「ならではの価値」　　顧客との双方向的、共同作業的な
を標榜した価値提供　　　　　　　価値共創に基づく戦略の推進

図 6-3　マーケティング戦略の比較
(出所：筆者作成)

なクレームといったカスハラの深刻度を増す状況が注目された。旅行業界隈では、全日本交通運輸産業労働組合協議会（交運労協）が「悪質クレーム（迷惑行為）アンケート調査」を実施し、2011年11月に報告書をまとめている。

その報告書には「利用者からの暴言や悪質クレームなど労働者に対する迷惑行為は日常的に発生しており、問題解決に向けた対策が急務」とある。対策とは何か。「今回の調査結果を広く社会に発信しながら、迷惑行為の防止と職場環境の改善や労働者の地位の向上を目的とする、業界ガイドラインの作成や法制化に向けた取り組みを展開していく」とある。

文面から筆者は2つの含意を読み取った。ひとつは、交運労協所属労組の組合員が置かれている顧客対応に苦慮する現状を社会に情報として流通させることで、間接的に迷惑行為実行者へ行為の着手を躊躇させること。もうひとつは、迷惑行為実行者を直接的に排除することのできるシステムを将来的に構築することで、顧客対応の現場を守ること、だ。

筆者のこうした認識に相違ないのであれば、当該報告内容をもって旅行業の現場で検討するには物足りない素材と言わざるを得ない。先述の対策について前者を検討する際、本調査における観光サービス業従事者の回答率は全体の3.8％にとどまる。実数で800人足らずの回答には宿泊業従事者等も含まれていると推測される。もとより、大多数の回答者の所属先である旅客や貨物の輸送の現場と旅行業とでは、発生する迷惑行為の質や量に差異があることは想像

6.4 信頼関係の形成／旅行業における顧客対応現場の守り方

に難くない。マナー逸脱行為の被害を受けたとしても約款上利用拒否の通告が困難な公共交通機関や、業務走行中の他車とのトラブルや他県滞在中の自車ナンバーへの嫌悪感を抱かれる貨物業等とともに、包括的な啓蒙活動を構想し実践するのは困難であり実効性も不透明だ。

　また、後者について、第一に仕組みで対応することをもって解決とすることが旅行業において妙手といえようか。たしかに「暴言を吐かれても負けない心理テクニックを磨く」や、「悪質クレームに有効な対応術を身に付ける」といった書籍が巷ではよく手に取られているようだ。しかしながら、受け手としての対応策のみを追求することに合理性は乏しいと考える。どうにも、面倒を起こす顧客を排除して居心地よく働く、さながらユートピアを牧歌的に希求しているように感じられてならない。これらの問題意識を踏まえて、因果関係や理屈を脇へ追いやるのではなく、迷惑行為なる現象が発生する要因に正面から接近するとともに、その問題を解決する可能性について思いを巡らせることとしたい。

　旅行業の顧客対応の現場としてはBtoBやBtoGを論考の対象とすることも可能だが、当該調査がフォローする事業領域を鑑みてBtoCに主眼をあてて検討を進める。筆者はBtoCの業務経験が乏しいため、協働する複数の組織に協力を求めた。旅行会社の店頭において顧客対応を行う販売員へ取材を敢行し、報告書の感想を収集するとともに、働き手の立場で件の問題をいかに解釈しどのようにして課題解決につなげることが可能であるかを議論した。

　まず、調査結果を概観した感想を尋ねた。すると、コロナ禍以降客足は大きく鈍ったため、2年間で4割を超える観光サービス業従事者が1回以上の迷惑行為の被害にあったとする回答に驚きが寄せられた。また、観光サービス業の調査回答者が最も印象に残っている迷惑行為として、「暴言」や「何回も同じ内容を繰り返すクレーム」、それに「長時間拘束」が上位を占める点にも違和感が多く示された。

　そうした驚きや違和感を詳細に検討すると明らかになったことがある。迷惑行為として示される顧客による暴言や悪質クレームの原因が販売員側にある可能性への言及を避けているのだ。つまり、販売員のミスに伴うクレームと一方的なカスタマーハラスメントの境界が曖昧であることをいいことに、顧客の怒りをすべて迷惑行為としてレッテル貼りしているのではないかということである。

157

第6章　ツーリズム産業版 MTP 設計の試み

　もちろん販売員に何ら落ち度がないにも関わらず迷惑行為の被害を受けることはある。関西の下町に拠点を構える旅行会社の店舗では、ペダルを漕ぎながら自転車で店内に突入し販売員と挨拶を交わすやいなや外へ飛び出していく常連のおじいちゃんや、販売員との商談中に店内で故意に「お花を摘む」若い男性客、受付まで長時間待つことを知るやいなや販売員の容姿を大きな声でなじり倒す妙齢の女性など、問題のある顧客は確かに存在する。また、旅先で解決せずに宿泊先や観光地で発生したトラブルを帰着後に旅行会社の担当者へ愚痴る行為は「旅行業界あるある」といえよう。筆者自身も、海外のホテルで「402（死に）」の客室があてがわれた老夫婦の顧客から理不尽に罵倒された経験がある。

　ただ、顧客によるクレームの多くは、販売員の知識不足や、旅行相談・商談の際のコミュニケーションが不十分だったことが引き金となっているケースが多い。あくまで販売員のミスや誤案内が顧客の怒りを買うケースがほとんどであって、挽回のための対応に失敗を重ねたことの延長上に、暴言や長時間の居座りといった行為へと発展したのではないかとの意見が取材対象者から相次いだ。顧客の怒りは従業員に対するまっとうなお叱りであると受け止められさえすれば、やがて真摯に対応する姿勢が先方に伝わり始め、怒りは時間とともに収まるものだろう。

　では、ミスの防止やその後のフォローをやり遂げるために必要な人材育成制度が整備され、適切な教育研修が継続的に行われているか。コロナ禍以前より社会情勢や事業周辺環境を鑑みた枠組みのアップロードは十分に行われず、現在では経営状況の悪化を理由に施策自体を休止している企業も少なくない。価値提案者として幅広い知識を備え豊かなコミュニケーション能力を蓄えることで、販売員は接客に自信が湧いてくるだろう。そうすれば、迷惑行為とするトラブルの多くは鳴りを潜めるに違いない。

　業界団体の新しいトップが、「新たな時代にふさわしいツーリズム実現のために協調や共創が欠かせないテーマとなる」と述べているのは先述のとおりである。否定的な思想のもと顧客との距離を自ら遠ざけていては共創を図るのは困難だ。「システムへの投資で各社が競うのではなく、共通インフラのうえで各社が人材力を発揮することで競い合えばよい」とも話した。情報の非対称性は顧客側優位に変わって久しい。企業間で情報格差を競っている場合ではない。コロナ禍であれば旅先での感染対策情報、さらにはようやくこのほど取組みが

6.4 信頼関係の形成／旅行業における顧客対応現場の守り方

始まった。近年頻発する水害や地震など大規模災害後の宿泊施設や観光事業者の営業状況調査結果などは、業界全体でさらなる共有を進めるべきだろう。企業間連携を深めて、業界全体で顧客と正対する必要性を思う。そして、新たなハラスメントに、MTP流の科学的アプローチを参照した適切な職業訓練をもって備えたい。

【参考文献】
1) 厚生労働省 パンフレット『職場における妊娠・出産・育児休業・介護休業等に関するハラスメント対策やセクシュアルハラスメント対策は事業主の義務です！！！』
2) サービス連合（2024）『2023年度労働条件調査資料』
3) サービス連合（2021）『諸基準 2021年度改訂版』
4) 経済産業省（2019）「商取引・サービス環境の適正化に係る事業」
https://www.meti.go.jp/shingikai/mono_info_service/service_design/pdf/001_02_00.pdf （2024年1月12日確認）
5) 青木幸弘（2011）「ブランド研究における近年の展開－価値と関係性の問題を中心に」商学論究、58(4)、pp.43-68
6) 村松潤一（2015）『価値共創とマーケティング論』同文舘出版、p.2
7) Prahalad C, K., and V. Ramaswamy（2004）"The Future of Competition" Harvard Business School Press.（有賀裕子 訳（2004）『価値共創の未来へ：顧客と企業のCo-Creation』ランダムハウス講談社、p.32）
8) 大藪亮（2015）「サービス・ドミナント・ロジックと価値共創」村松潤一 編著『価値共創とマーケティング論』同文舘出版、p.54、63
9) Robert F. Lusch, and Stephen L. Vargo（2014）"Service-dominant logic: premises, perspectives, possibilities" Cambridge University Press （井上崇通 監訳（2016）『サービス・ドミナント・ロジックの発想と応用』同文舘出版、pp.17-24）
10) 塙泉（2017）「観光マーケティング研究における文脈価値の重要性」日本国際観光学会論文集、24、pp.155-162
11) 原田保（2015）「地域デザインとライフデザインによる観光ツアーのコンテクスト転換」原田保・板倉宏昭・加藤文昭 編著『旅行革新戦略』白桃書房、pp.1-9
12) 日本旅行（2019）News Release「日本旅行グループ中期経営計画『TRANSFORM 2025』－Evolution for Customers －のスタートについて」
https://www.nta.co.jp/news/2019/__icsFiles/afieldfile/2019/12/24/chukei.pdf （2024年1月12日閲覧）
13) トラベルビジョン（2020）「JTB髙橋氏、改めてビジネスモデル転換を強調 旅行は「手段」に」
https://www.travelvision.jp/news/detail/news-87684 （2024年1月12日閲覧）
14) トラベルボイス（2021）「【年頭所感】日本旅行代表 堀坂明弘氏―デジタル化（DX）加速、「人によるサービス」の重要性は不変」
https://www.travelvoice.jp/20210101-147842 （2024年1月12日閲覧）
15) JTB（2021）ニュースリリース「お客様の実感価値向上を実現するための組織再編について」
https://press.jtbcorp.jp/2021/02/post-38.html （2024年1月12日閲覧）
16) 日本旅行業協会（2022）「2022年JATA会長 年頭所感「観光業界の『再生』を目指して」」
https://www.jata-net.or.jp/wp/wp-content/uploads/administrator/220101_chairpersonnyreflections.

159

第 6 章　ツーリズム産業版 MTP 設計の試み

　　pdf　(2024 年 6 月 27 日閲覧)
17)　神田達哉（2022）「カスタマーハラスメント－顧客対応現場の守り方　適切な距離の確保へいまできること」トラベルジャーナル、2 月 21 日号、pp.14-15
18)　神田達哉（2023）「企業との関係性の質へ影響をおよぼす顧客経験価値に関する考察－旅行業のリアル店舗におけるオフラインコミュニケーションに着目して－」日本国際観光学会論文集、30、pp.27-37

第7章　MTPの普遍性と導入トライアルの手ごたえ

　筆者が日本産業訓練協会MTPを受講者として受けたのは2020年のことである。長年ホテル産業に従事して、日頃は主に宿泊業や旅行業などのサービス業の出身者たちと活動している筆者にとって、主に製造業の現場出身の若者たちと受けるグループワークを中心とするMTPはとても新鮮であった。
　そして何よりも、インストラクターから示されるマネジメントの原理や原則を縦糸として、受講者たちの現場での悩みや経験が横糸となって、組織マネジメントのあるべき姿を学んでいくのを実感する研修に参加しながら、これが大手自動車労働組合に象徴される製造業の労働組合の背骨だと改めて腑に落ちていた。
　筆者はホテル産業に従事しながら、同時に企業別労働組合の役員として労働組合の運動に携わってきた。その経験の中で自分たちサービス業の企業別労働組合と比べて、製造業の企業別労働組合の運営が安定していることを実感し、不思議に思っていた。
　1950年代に当時の株式市場1部2部の企業で管理職の90％がMTPを受講していたこと[1]と、その後各企業においてマネジメント研修が企業独自のスタイルで発展して、いまも製造業を中心にMTPが継続して実施されていることは知識として承知していた。しかしMTPを実際に受講してみて、労働界における大手自動車労働組合の存在感にも、MTPが少なからざる影響を与えていると改めて納得した次第である。
　本章では、サービス産業におけるマネジメント研修の心もとない実態を筆者の経験から振り返り、MTPを知りその有用性を実感したうえで、サービス業のなかで、また、企業別労働組合のなかでMTPを広めていく活動をしているひとりとして、MTPを語りたいと思う。
　組織人にとって普遍のテーマである「組織と人の悩み」を解決する手段として、筆者がなぜMTPに興味をもったのか、自身の企業研修の経験を踏まえて述べてみたい。また、MTPの公式インストラクターとなって日々サービス・ツーリズム産業におけるマネジメント教育を進めるなかで感じているMTPの普遍性や手ごたえ、可能性について取り上げることとする。

第7章　MTPの普遍性と導入トライアルの手ごたえ

7.1　老舗ホテルの人材育成の実態

　筆者は、ホテル業を専業とする会社に在籍し、そこで企業別労働組合の役員を長く務めてきた。現在は、ホテル業と旅行業で働く者の労働組合で構成する、産業別労働組合の役員の立場で産業の政策を推進している立場である。
　人が財産である産業で働き、かつ、人を大切にすることを基本理念とする組織である労働組合に携わる者として、長年組織と人について悩み続けてきた。そして、企業や組織で人財が生き生きと活躍するためにどうしたらいいのかについて、いまもさまざまな模索をしている。
　人はいかにして育っていくのか、いかないのか、まずは筆者が社会人になりたての頃に受けた老舗ホテル企業の教育研修の実態から語り始めたい。

(1)　老舗企業の教育システムに期待

　筆者がホテル専業の企業に就職した動機は、当時その企業が老舗ホテルとして多くの顧客からサービス内容についての評判が高かったことと、自分が将来にわたってホテル業において就業するとしたら、初期段階の教育システムがしっかりしている企業で訓練を受けることの有用性に期待したことからであった。当時のリクルート情報に、当の企業の段階的研修システムについて掲載されていたこともあって、入社を希望していた。
　つまり、当時の筆者は、社会人としての能力はいまはやりの「即戦力」からは程遠かったし、企業のなかで育成されることが当たり前だと思っていたのである。だから自分を育ててくれる教育システムをもった企業を求めて、就職活動を進めていたのであった。

(2)　集合研修で細部にみえた OJT の実態

　入社後、研修システムの入り口として行われた1週間の集合研修は、高校を卒業してきたばかりの同期入社という初々しい状態の若者たちと合同の研修だったこともあって、互いに期待が膨らむものであった。
　学生気分を抜くため、ホテル内での接客所作の研修や、互いに信頼関係を築くことを目的としたゲーム感覚の研修などに加えて、先輩諸氏の体験を共有するカリキュラムもあった。
　先輩たちが仕事を覚えてきた過程として、自身が職場で目指したい尊敬でき

る先輩の背中を選んで、その仕事を真似て育った経験が語られた。それから、有名な総料理長が若き時代に盗むように仕事や味を覚えたエピソードなどが続いた。今後に準備されているであろう段階的研修システムには期待するものの、先輩の話からは、実際の職場においては、いわゆるOJTを主軸とした教育が中心的に行われている実態が透けてみえてきていた。

(3) 早くもOJT

集合研修後、筆者には「ゼネラリスト養成プログラム」として、2か月ずつ、調理職、料飲サービス職、客室清掃職の職場を渡り歩いて、夏期限定営業の山岳リゾートホテルで従事するというローテーションが待っていた。

短期間で複数の職場を経験して、ゼネラリストに向かって習熟していくことを狙ったものであったが、ロッカールームで、かつては半年単位で複数年各職場を回っていた、という先輩の「お前たちは短くていいよなぁ」という発言を聞きながら、先輩たちにとっては、ただ長いだけの研修プログラムであったのかと思った。会社から研修の目的が示されていなかったことから、本人の意識の形成がされていなかったことが露呈していた。この段でもまだシステマチックな教育がこれから行われることを期待していたが、初めに配置されたメインダイニングの調理場で、その期待はあっという間に大型換気扇に吸い込まれていったのであった。

(4) お前たちに教えることは何もない

配置された調理場は最高級のメインダイニングに料理を提供する部署であったため、スタッフはベテランが多く、総料理長がかつて経験した職場ともいわれていた。ミスに対しては鉄拳が飛ぶようなピリピリとした職場で、わずか数か月しか所属しない筆者たち(『育成』と呼ばれた)の存在は邪魔者でしかなかった。

「何かすることはありませんか」と尋ねる筆者に対して、強面のベテランからは「お前たち育成に教えることは何もない。邪魔にならない場所で立って見ていろ」と言われる始末だった。

日々の厳しい業務で精いっぱいの職場に、ずぶの新人を放り込んで、教育を丸投げしていたのだから、当然な反応である。

第7章　MTPの普遍性と導入トライアルの手ごたえ

(5) 人によって正解が違う作業工程

　数日間立ちっぱなしをしていると、ある先輩から「おい育成。ここへきて手伝え」と、付随するブッフェレストランの朝食メニューの準備として、大量の卵を寸胴鍋に割り入れる作業を指示された。
　恐る恐る卵を割り始めると、後ろから怒鳴り声が飛んでくる。「いきなり寸胴鍋に割り入れるんじゃねえ。この小さなボウルに1個ずつ割ってから鍋に入れるんだ」。どうしてそうするのかを尋ねると、卵の殻が鍋に入り込まないように確認するのだとのこと。なるほど、とその後数日作業していると、別の先輩から声がかかる。「なぜ卵をひとつひとつ確認しながら割り入れているのかわかっているのか」と問われたので、卵の殻が入らないようにやっていますと得意げに言うと、「わかってないな、殻は後から網で濾すから問題はない。卵のうちに殻の中で腐ってしまっているものがあると、他の卵も全部だめになってしまうから、ひとつひとつ確認しているのだ」との説明を受けた。
　同じ作業をしていても、何の目的に対して行動しているのかによっては、その作業内容はまったく違ったものになるのだな、と思っていると、指導者によっては、どう考えても同じ目的と思われる作業に対して、まったく異なる作業手順が指示される。
　新人にとっては何が正解なのかというより、誰の指示に従うことがよいのか、先輩たちの顔色をみることが社会人のスタートであった。

(6) 「右から左に仕事を流す」原則

　その後もさまざまな現場でいろいろな先輩から作業指示を受けるなかで、日によって違う作業指示に揉まれていると、とある強面の先輩から、「作業にはモノや人の流れの原則があって、基本的には右から左にモノを流せば効率がいいんだ」と教授された。
　右から左にモノを流すとは、利き手を右手としてする仕事の効率化ではあるが、さまざまな指示が飛び交う職場のなかで、「モノや人の流れ」を意識することができた貴重な経験であり、後にMTPにおける原理・原則・法則の解説においてこのエピソードを思い出すほど強烈な記憶であった。

(7) サービス産業における人材教育の実態

　筆者の社会人1年目のOJT体験は上記のような実態の連続であった。一方で、

外部からは、とかく老舗サービス業においてはさぞかし高度な人材教育が行われていて、その人材教育のたまものとして高度なサービスが行われているのだろうと思われているようだ。筆者も「御社の教育システムを聞かせて欲しい」と頼まれたことは数多く、なぜバラバラな先輩たちの指導が実態なのに外部からは高度な人材教育が行われているように映るのだろうかと、かつて不思議に思っていたところであった。

　実際に高度なサービスが提供されていたことは事実だが、社内での人材教育はOJTそのものであった。ならばどうして社員たちは高度なサービスを提供できる実力を得ることができたのか、社内での就業経験を積むに従って、その謎の答えが、どうやら多くの顧客たちとの関係にあることがわかってきた。

　ホテルをはじめサービス業の特徴として、付加価値は顧客との接点で生まれる。つまり、きめ細やかで濃密なサービスは当然スタッフだけではでき上がらず、接点の反対側にいる顧客との、いわば協働作業によって生み出されているのである。付加価値が生まれるであろうその接点に対して、仮にスタッフが粗雑で希薄なサービスを提供すると、たちまち顧客によってそのサービスの修正が求められる。顧客から指導され、ある時は強要されて、きめ細やかで濃密なサービスに変わっていくことを、当該のスタッフは経験していくのである。

　つまり、高度なサービスは人材教育のたまものとして生み出されるのではなく、高度なサービスの結果として、顧客によって人材教育が進められているのであった。

⑻　点と点の教育

　しかし、その教育は個々のスタッフと顧客の間にだけ生み出されていくことから、顧客にとっては接するスタッフが交代するたびに、一からサービスの修正を求めていくことになるのも決して珍しくなかったと思われる。

　なかには、すべてのスタッフのサービスを修正してあげようと、辛抱強い顧客が存在する場合もあるが、多くは、自分の好みのサービスができるようになったスタッフだけを自分の担当にしておきたいと考えるのが普通である。

　一方スタッフの方も、1人の顧客だけに張り付いていられるときばかりではないために、顧客の望むサービスについて周囲のスタッフと共有できるように、自らが指示・指導して対応を図ろうとしていく。

　しかし、その指示・指導は、意図してか、力量不足からか、表面的であるこ

とが多く、周囲のスタッフは顧客へのサービスが何を目的としているのか理解できずに、職場に深い部分では残らないことが多いと思われる。とはいえ長い時間軸のなかで、さまざまな顧客との接点が繰り返し行われることによって、徐々に職場に地層のようにサービスとは何か、が蓄積してホテルのサービスができ上がっていったと思われる。

(9) 若年層のやりがい搾取

老舗ホテル企業の人財育成の実態は上記のごとしである。その中でホテルのマネジメントを担当する者の多くは内部昇格で上がっていく。

体系立ったマネジメント教育を受けることもなく、縦割りの職場での成功体験に基づいて昇格して、経験によってマネジメントを行おうとするので、部下にとっては上司の顔色をみて仕事をすることは、何十年と変わっていない。

筆者も若い時にそうであったように、若年層は職場や企業に対して、自己実現やキャリアアップの場を求めている。しかし、旧態然としたOJTという職場に丸投げする育成スタイルでは、若年層のやりがいを搾取するだけではなく、やりがいを失わせて、悪しき歴史を繰り返させているのではないだろうか。

ホテル業での若年層の離職率は何十年と高止まりし続けていることに、このマネジメント教育の欠如が無関係ではないと思うのである。

7.2 労働組合の視点

(1) ホテルスタッフの意識調査

筆者は入社後しばらくしてから、企業別労働組合の役員に職場から選出された。そして現在に至るまで労働組合の役員として、企業やスタッフを少し離れた視点でみることになった。そのようななかで、まずは組合員の意識調査のデータについて紙面を割きたいと思う。

一般的に企業によって従業員の実態をつかもうと、従業員意識調査が行われている。そしてまた多くの労働組合でも同様に組合員の実態をつかんで運動方針に活かすために、意識調査が行われている。

筆者の所属する企業別労働組合では、1970年代から組合員に対して意識調査[2]を行ってきた。もっとも、それは自前で作った設問による意識調査であり、単純な満足度調査の域を出るものではなかった。そのうえ、質問された組合員も、設問する組合役員の意図を忖度して回答する傾向もあって、意識実態を正

7.2 労働組合の視点

確に表しているのかどうかの検証ができないという問題点があった。さらに、回答結果に対して基準とする物差しがないために、いくら意識調査を行っても、その結果が客観的にどのようなレベルだと考えればよいのか、結果に対してどのような取組みを行えばよいのかがわからないという状態であった。

(2) 国際経済労働研究所　第30回共同調査ON・I・ON2

　2012年の調査は、東日本大震災直後だったこともあり、自前の設問による組合員の意識調査に対して、そろそろ限界を感じていた。労働組合としても組合員の意識をきちんと把握したうえで運動方針を立てて、将来に向かっていくことが必要だ、という声が高まってきており、他の労働組合がどのような意識調査を行っているのかを探っているところであった。

　そこで、サービス業などの第三次産業ではなく、多くの大手製造業の労働組合が参加している意識調査を知った。それは社会心理学をベースとした調査で、全国で多くの労働組合が共同調査として参加しているものであった。

　共同調査の形式によって、参画している他の労働組合のデータが提供され、それらのデータと比較ができるということもあって、我われの労働組合も、公益社団法人国際経済労働研究所と共同した、第30回共同調査ON・I・ON2[3]への参加を決めた。

　この共同調査は、従来自分たちが行っていた組合員の満足度調査ではなく、関与度・エンゲージメントに着目し、会社と組合に対して組合員がどれだけ関与しているのかを計る調査とともに、仕事に対するモチベーションについても調べられるという意識調査である。

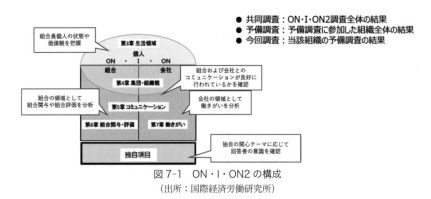

図7-1　ON・I・ON2の構成
（出所：国際経済労働研究所）

167

第7章　MTPの普遍性と導入トライアルの手ごたえ

　先行して共同調査を行っていたのは、パナソニック労働組合などの電機メーカーや、トヨタ自動車労働組合などの自動車メーカー、イオン労働組合などの流通総合スーパーなど、全国350組織230万人のデータとの比較によって自分たちの特徴や立ち位置を計ることができるものであった。調査は2012年から4年に1度のペースで継続的に行われている。

　また、分析を担当する研究所の研究員から、ホテル産業の労働組合の組合員の特徴として特筆すべき点として指摘されているのが、仕事のモチベーションに関する項目である。

(3) 高い内発的働きがいと低い外発的働きがい

　調査結果の分析で研究員から毎回出されるのは、仕事のモチベーションの内容である。仕事のモチベーションには労働者の内側からの内発的働きがいと、外側からの働きかけによる外発的働きがいがあり、ホテル産業の労働組合の組合員の特徴として、内発的働きがいがとても高く、外発的働きがいがあまりにも低い集団であるとの指摘を受けた。

　内発的働きがいは、労働者が自らの目的によって、労働者の内側から生み出される仕事に対するモチベーションとして位置付けられている。一方、外発的働きがいは、仕事をすることによって得られる報酬や仕事をする環境が、好ましいことから引き出されるワークモチベーションのことをいう。人間は感情をもった動物であることから、仕事に対するモチベーションも外部からの単純な刺激に対する反応だけではなく、自らの感情から生み出されるワークモチベーションが重要である。

　ホテル産業に従事する人は、どちらかというと積極的に他人とコミュニケーションをとることを好む傾向があるといわれている。仕事に対するモチベーションという面ではそれが影響しているということかもしれない。目の前にある仕事に対して目的をもって行動するというよりも、目の前にいる顧客に対して働きかけたいという思いから、仕事に対するモチベーションを維持していることが、高い内発的働きがいにつながっているのではないかと思われる。

　一方で、外発的働きがいは低いとされている。ホテルは365日24時間営業が基本で、土日や祝日に働くことが当たり前となっており、部署によっては夜中に働いていることも珍しくはない。労働時間が一般的な企業と比べて不規則なことと、残念ながら他産業と比べて賃金水準が低いことなどが外発的働きが

いの低いことの理由と思われるが、詳細については後述したい。

なお、この傾向は単体の企業だけではなく、ホテル産業の他の労働組合による調査でも同様の結果が出ているので、産業の特徴といえる。

⑷ 製造業の動機の傾向

一方、ホテル産業とは逆に、一般的な製造業の傾向は、内発的働きがいに比べて外発的働きがいが高いといわれている。これは、大手製造業が戦後発展する過程のなかで、製造業にあった、「きつい」「汚い」「危険」という3Kの負のイメージを払しょくするために、労使による組織的かつさまざまな働きかけによる労働環境の改善や賃金労働条件の引き上などの結果として、労働者の外発的働きがいが高くなったためではないか。内発的働きがいと比べて外発的働きがいが高いというのは、相対的なものであり、MTPが浸透している製造業において、内発的働きがいが絶対的に低いということではないと思われるのだ。

7.3　MTP研修に参加して

大手の製造業が組織的に安定的に運営できていることについて、組合役員一人ひとりが優秀であることもさることながら、企業別労働組合はカウンターパートナーである企業の姿を映している場合が多いと思われる。大企業は、企業の組織運営がしっかりしているから、多少役員が入れ替わっても労働組合の組織運営が安定している、という仮説を筆者はもっていた。

本著の共著者である青木昌城氏との会話で、サービス産業の企業マネジメントが、勘と度胸とたまたまの成功経験によって行われていることの問題点について盛り上がっている際に、彼の義父が大手のメーカーに勤務していたときに、国が推奨したマネジメント研修を受けていたという話が出てきた。

もしかするとこのマネジメント研修が製造業の企業別労働組合の組織運営にもつながっているのではないかと思い、後にそれがTWI／MTPであることがわかり、マネジメント研修について興味をもった次第である。

MTPは、最盛期には日本の製造業の管理職のうち、過半数が受講していたといわれており、現在でも大手含めて規模を問わず製造業の企業のなかで脈々と研修が続けられている。

また、戦後すぐの日本製品は「安かろう悪かろう」といわれていたが、品質向上に対して取組みを進め、いまや不良品の発生率はppm（百万分率）の単

第7章　MTPの普遍性と導入トライアルの手ごたえ

位までになっている。この過程でTWI研修が功を奏していると思われ、マネジメント研修の実力が推し量れる。

　実は筆者の企業においても1960年代にTQC活動が行われたことが労働組合の50年史[4)]に書かれていた。1972年刊行の加藤尚文『ホテル－企業と労働』[5)]にも、ホテルにおいてTWIとMTPが行われた記載がある。その記載は半ば好意的に、半ば労働強化につながるものとして書かれているのだが、いずれにしてもなぜ1年だけの実施に終わってしまったのか、当時の経営陣の気まぐれを恨んだものであった。

　冒頭に記したように、日本産業訓練協会で筆者がMTPを受講したのは、2020年1月のことであった。ベテランの講師の下で、筆者を入れて7人の受講生で連続4日間の集中研修を体験した。

　筆者以外は企業から送り込まれていて、自己紹介で筆者の所属をホテルの労働組合だというと、他の受講生よりも年を取っていたこともあり、異分子がいるという感じで、講師にも筆者の取り扱いに気遣いをさせてしまった。

　しかし研修が始まると、講師による講義だけにとどまらず、受講者たちによる積極的なグループ討議を中心に進められ、そのような気遣いはどこかに消し飛んでいったのである。

(1) **受講者が立っている地層の厚さ**

　一緒に受講したメンバーは各々の企業から送り込まれていたが、その各々の企業・業種はバラバラであった。しかしそれぞれの企業で長年MTPの研修が続けられていたようであった。

　受講して感心したのは、筆者と同じようにはじめて受講しているはずの他の受講者たちが、研修で使われる「科学的アプローチ」や「目的・目標」「命令の種類」などの用語に対して、ごく自然に接していることであった。

　それは、それぞれの企業のなかでMTPの内容が日常的に活かされ、MTPの思想や考え方が企業内に浸透していることを意味していた。門前の小僧として、MTPがある程度は身に付いているということである。これらの経験が地層のように社内に蓄積されている様子が傍目にも感じられた。まさに継続は力なりである。

　また、研修の内容は、知識として覚えておくべきことよりも、思想や考え方として身に付けておくべきことが多いことから、用語も含めて初めて接した筆

者からすると、他の受講者が立っている地層を羨ましく感じたものである。

(2) グループ討議の様子

受講者たちには、与えられた課題に対して、自分の職場を思い浮かべながら議論することが求められていた。それぞれの受講者が、それぞれの職場や仕事を踏まえて議論するためには、まずは自分以外の参加者の職場事情についてもよく聴き、その情景を頭に思い浮かべつつ、自らの経験に沿った考え方を他の参加者にわかってもらう努力が欠かせない。コミュニケーションの訓練であるが、企業人や社会人としての背景の違いがかえって研修に彩を加えることになっていた。

それはMTPが単なる知識を得るためだけの研修ではなく、物事や課題への取組み方や取組み姿勢を学んでいく研修だからで、受講者それぞれの経験による思考そのものが「見えない教材」となっているのである。

筆者が、製造業出身の受講者から多くのことを学んだように、筆者もサービス業従事者として、労働組合役員としての経験も他の受講者に対して何かしらの学びをもたらしたと思われる。

7.4　MTP研修の開講

(1) サービス産業労働組合のマネジメント研修

筆者は、サービス産業の労働組合役員として、まずは労働組合役員へのMTPを通じて企業別労働組合組織の背骨を整備し、次に企業の背骨を整えていきたいと考えていた。そこで日本産業訓練協会のMTPインストラクター研修を受講した。泊まりがけで2週間に及ぶボリュームで、MTP研修内容を何度も繰り返しながらインストラクターとしての力を身に付けていくものだった。

筆者がMTPインストラクターとしてまずは自分の企業別労働組合組織内でMTPを始めようと準備を進めている時期に、新型コロナ感染症が拡大していった。コロナ禍の「3密回避」は、ホテル産業にとっては致命的であり、職場からは顧客の姿が消えていった。集合研修によるグループワークを基本とするMTPにとって両手両足を縛るようなもので、組織内といえども集合研修をあきらめざるを得なかった。そうしたなかでもWEBによる講義形式でMTPの考え方だけでも伝えるために教材内容の見直しを行っていった。

第 7 章　MTP の普遍性と導入トライアルの手ごたえ

図 7-2　MTP インストラクター養成講座の様子　　図 7-3　MTP コース終了証書

　労働組合の研修会というと、労働関係の法律の内容を習得することなどを目的とした知識型の研修と、労働組合の役員として組合員への対応や、会社との交渉の際に必要と思われる HOW TO 型の研修が多い。また、グループワークもよく行うが、具体的事例を題材にして、具体的な解決方法を議論し、成功事例に学ぶやはり HOW TO 型の研修が多く行われている。

　サービス産業の企業における研修も、ホテルは座学で行う語学や接客態度などの研修が多く、一方で旅行会社においては、職場での実践を繰り返す OJT 型によって人財育成を進めている傾向が強いようである。したがってサービス産業の企業別労働組合による研修にもその傾向が強く、知識習得型の研修が行われてきた。

　一方で MTP は、理論に基づいて、モデル的な事例を使いながらも、参加者が個々の経験をもとに各々の考え方、解決に向かっていくための考え方を学ぶ研修であるために、集合形式によるグループワークではない研修スタイルで、どうやって、どこまで考え方を浸透させられるのかが大きな課題であった。

⑵　**マネジメントの基礎の基礎、組織とは何かから**

　研修にあたっては、まずはマネジメントの基礎の基礎として、自分たちが所属している組織とは何かについて徹底して考えることから始めることとした。労働組合役員基礎研修として、WEB 形式で 2 時間ずつの研修を 6 回、延べ 200 名に行った。

　労働組合にとって「組織」というのはなじみのある言葉である。この「組織」

172

7.4　MTP研修の開講

の強化を目指す取組みが「オルグ」である。こうした用語や組織拡大などの単語は、多くの労働組合の運動方針に当然に書かれている。

　しかし、組織とは何かをきちんと議論したり、定義したりしている労働組合は少ないと思われることから、まずは土台である組織について時間をかけることとした。教材はMTPマネジメント研修プログラムの第Ⅰ部「マネジメントの基礎」の第3節「組織における人の行動」から、冒頭「組織」と「集団」の内容を使うこととした。

　まずは、さまざまな人の集まりを示して、それを参加者が各々組織と集団に区分けする作業から行い、参加者の多くに、これまで特に意識していなかった組織と集団の違いを意識するきっかけとした。

　次に組織の定義として、チェスター・バーナードの組織3要件「共通目的」「貢献意欲」「コミュニケーション」を示して、自分たちの労働組合に当てはめて考えてみようと投げかけた。ポイントはMTPにもある「組織の目的」を意識することである。

　そこに「貢献意欲」と「コミュニケーション」の要件を加えて、先に示していたさまざまな人の集まりを改めて区分けしてもらうと、それまで曖昧だった組織と集団の違いが段々はっきりしてきたという反応が得られた。

⑶　組織の現状を認識と科学的アプローチ

　チェスター・バーナードの組織3要件を自分たちの労働組合に当てはめることで、それぞれ参加者は「共通の目的」をなんとなくイメージできたようであった。「貢献意欲」と「コミュニケーション」については自組織が要件を満たしているのか不安な様子であったが、必要なことだという認識は形成できたようであった。まず、現状から目をそらさずに、正確に把握することの必要性を伝えて、自分たちの労働組合を集団ではなく組織とするためのスタートラインに立とうと呼びかけることにした。

　これまで感覚的に扱っていたり経験に基づいて意識していなかったりした原理や原則の大切さについて、自分たちの組織を意識することで気づきをもたせることができたようである。

　次に、MTPの肝である「科学的アプローチ」についてであるが、多くの事例をグループワークでこなしながら、その大切さを徐々に身に付けていくことにポイントがある。しかし、WEBによる研修会ではグループワークを重ねる

ことができないので、科学的アプローチをどのように浸透させていくのかは大きな課題であった。ここでいう科学的アプローチとは、
① 目的を明らかにする
② 事実をつかむ
③ 事実について考える
④ 実施方法を決める
⑤ 実施する
⑥ 確かめる

ことであるが、その目的について、組織要素として共通の目的がなければ始まらないことを浸透させることができた。

事実をつかむ以降は、「科学的アプローチの目的を明らかにして、事実をつかむ、事実について考える、実施方法を決める、実施する、確かめる」、これを念仏のように唱えることから始めた。グループワークに時間をかけることができれば、おのずと伝わることなのだが、ここはまず形から入ることとした。

⑷ 「人」の問題をどう扱うか

組織をマネジメントするということは人をマネジメントすること。この大きな課題をどう学ぶか。サービス産業は労働集約型産業といわれて久しい。製造業と違って一人ひとりの労働者が、顧客に対して直接的に接点をもって付加価値を生み出すことが基本であるために、サービス産業は人手がかかり、人を扱うことを避けては通れないのである。したがって組織内にも多くの人を抱えているばかりでなく、なおかつ、数多くの顧客と関わりをもっている。

人はさまざまな感情をもっている存在なので、接客の場面において互いの感情を抜きにしては接することはできないことから、サービス業には感情労働型産業という側面もある。

元々サービス業で働こうと志す人は、比較的、製造業に従事する人よりも人と触れ合うことが上手な者が多いと思われる。こうしたなかには天才的に人の感情を操れる「人たらし」と呼ばれるような人もいて、職場が成り立っている。それでも日常では多くの感情同士がぶつかり合っているので、時には相手の感情を傷つけたり、体調によっては自分の感情が傷ついてしまったりする。

サービス産業では、人との関わりが好きな者が集まる傾向が強い。そのうえ、サービス産業でマネジメント層に内部昇格するものは、なかでも特に人付き合

いが得意なタイプであるケースが多いことから、人との関わりで悩んでいる者に対して理解が少なく、たとえば天才肌のスポーツ選手が、必ずしも指導が上手ではないのと同様に、人との接し方に対しては、自分で何とかすることが当たり前だという風潮が強い。

しかし、当たり前だが、現実には人との接し方で悩んでいるスタッフも少なくない。MTPで取り上げている理論としての人との関わり合いは大変参考になり、WEB形式であっても研修テーマからは外せないものである。

⑸ 人の欲求をコントロールする

人の欲求には、内部にある意識が表面に浮かび上がり、外部に働きかける場合と、外部の刺激によって誘発される場合がある。前者の場合、普段は無意識の中に潜在している欲求が外部からの何らかの効果的刺激に出合うと、意識の表面に表れて、こうしたい、ああなりたい、逃れたいなどと意識される。

そして、意識の表面に表れた欲求を満たすための具体的な目標が決められ、その目標に向かって行動が起こされる。このような機序によって人が行動するということを、さまざまな欲求の種類とともに説明することによって、サービス産業の参加者は顧客の欲求の中身がみえてくる気がしたという。

また、その欲求から起こされる行動が、何かしらの障害によって妨げられた場合に欲求不満行動として出てくること、そしてその欲求不満行動にもさまざまなパターンがあることを知り、対応の仕方がいろいろとあることを知ったという反応が印象的であった。

人との関わりを得意としているサービス産業にとってこそ、理論武装することによってより強い価値が生まれると感じたところである。

⑹ コロナ禍でのトライアル導入の手ごたえ

サービス産業の労働組合役員に対してWEB形式でMTP研修のトライアル実施を行ってきた。残念ながら講義を中心とした研修会だったので、充分にグループワークができない状況で、MTP研修としては時間的にも本来の力の5分の1にも満たない内容であったと思われる。

しかしマネジメント研修がほとんど行われてこなかったサービス産業の労働組合役員にとっては、短い時間だったが、大変刺激のある研修になったと思われる。

⑺　労働組合役員の悩み

　労働組合の役員の多くを悩ませていることに、なぜ自分たちは、一般の組合員の立場から組合役員になったのか、がある。また、組合役員を続けることの意味はどこにあるのかについて、特に新人役員は悩みを感じているようである。

　一方会社においても、将来管理職にはなりたくないという若者が7割いるという意識調査[7]が話題になった。

　この2つの悩みは組織マネジメントの観点からは共通点もあり、日本の多くの組織にとって大いに問題である。

　問題の原因は、組織マネジメントの難しさを強く感じていることに比べて、組織マネジメントのやりがいを見いだせていないことにあるといえる。

　今回はサービス産業の労働組合役員を中心とした研修で、労働組合役員の立場からマネジメントに対する考え方や知識を身に付けることによって、将来的にサービス産業企業のマネジャーになる時にその経験を活かしていくことを目指している。

　大手製造業の企業においては、これまで多くのMTPが行われてきたことによって、組織マネジメントの能力を身に付けることができ、組織の管理職になることに向けた準備ができていたと思われる。前述の意識調査にみる管理職になりたくないという結果は、広い意味でのサービス産業で働く人が日本の労働者の大半を占めるようになったことと無関係ではないと思われるのである。

　MTPは繰り返し述べているように、企業の中で継続して行われることによって地層ができ上がってくるので、サービス産業におけるMTPの早期普及が求められている。

【参考文献】
1) 日本産業訓練協会（2009）『MTPのより良き理解のために』pp.13-14
2) 帝国ホテル労働組合総発言調査（1972〜）
3) 国際経済労働研究所『第30回共同調査ON・I・ON2報告』
4) 「帝国ホテル労働組合50年史」編纂委員会（1996）『帝国ホテル労働組合50年のあゆみ』帝国ホテル労働組合
5) 加藤尚文（1972）『ホテル―企業と労働』三一書房
6) James C. Abegglen（1958）"The Japanese Factory" Hassell Street Press
7) 日本能率協会マネジメントセンター（2023）『管理職の実態に関するアンケート調査』
　https://www.jmam.co.jp/hrm/column/0095-kanrishokuchousa.html （2024年4月30日閲覧）

第8章　MTPのパイオニア

8.1　TWIとMTP

本書は、ツーリズム産業向けにMTPの解説を試みるものであるが、このMTPの兄弟姉妹に相当するのが、TWI（Training Within Industry）[*1]である。

図8-1にあるとおり、TWIは「仕事の知識」と「職責の知識」と大きく2つに分類することができる。それぞれ2分野ずつ、全部で4コースとなっている（第3章脚注＊16参照）。「教える技能」では、次の基本精神が有名である。

図8-1　TWIの構成 [2]

「相手が覚えていないのは自分が教えなかったのだ」

繰り返しになるが、TWIもMTPと同様に、戦後になって米軍が持ち込んだものである（第3章参照）。上述の基本精神が、徒弟関係が中心であったわが国で衝撃的に捉えられたことは、想像に難くない[*2]。関連して、1951（昭和26）年（占領中）には、現代にも続く、「産業教育振興法」の制定もなされている[4]。

MTPがどちらかというとホワイトカラー職(事務職)に、TWIはブルーカラー職（作業現場職）向けになっているのは、TWIが現場監督者をイメージして

[*1]　隅谷三喜男・古賀比呂志編著（1978）『日本職業訓練発展史《戦後編》』[1] p.35 より、「このTWI は、周知のように、もともとアメリカで開発された訓練体系であるが、わが国では「工場事業場等における職長、組長、伍長、役付等の名称で呼ばれるいわゆる第一線監督者（下級監督者）に対しその監督能力を発揮活用せしめるために、特別に研究され定式化された訓練の内容と方式の略称である」と定義されている。」
[*2]　第3章で、「ホーソン実験」にまつわる産業史を題材にした。そこで、谷口茂（1969）『新しい人間関係管理』[3] による、わが国産業界の戦前・戦中までの家族主義による実態が参考になる。

177

第8章　MTPのパイオニア

構成されているからである。そのため、日本産業訓練協会では、TWIを上述のように、「2知識＋4技能」としており、MTPとの関連性も、あたかも「車の両輪」のごとく確保していることが注目される。これら2知識＋4技能の具体的な表現として、以下の区分がある。

① 仕事の知識
1) **TWI-JI**：仕事を正確に素早くできるようにするための最も効果的な教え方、指導の仕方を習得する
2) **TWI-JR**：人と人との関係を円滑にする「人の（問題の）扱い方に関する手順」を習得する

② 職責の知識
1) **TWI-JM**：現在よりも、さらに効率的・効果的に改善する方法を習得する
2) **TWI-JS**：災害をもたらす不安全行動・状態の原因をつきとめ、安全の事前処置の方法を習得する

たとえば、TWI-JIの手順として有名な『電気コードの結び方』は、作業の教え方の基本となっているが、これを題材にして、前述の「相手が覚えていないのは自分が教えなかったのだ」ということをたたき込まれる。

電気のコンセントを開けると、そこには2本に裂かれたコードが、これ以上先でも裂けないようにするために、結んで止めてある。この「結び方」を、未経験の新人に教えるという場面を想定しているものである。ここでは、指導する側が「電気コードを結ぶ」やり方を、まずは説明なしに無言でやってみせるのだが、大抵の受講者は、電気コードを結ぶという経験がないので、ほとんどの人が正しくできない。

受講者には、「わが社ではそんな作業を従業員にさせていないし、そもそも製造業でもないから、こんなことを学んで何になるのだ」という疑問がわくかもしれない。ここで、指導者は、TWI-JIの手順にしたがって、この最も単純と思える作業例「電気コードの結び方」を教える。それを、受講者が他の受講者に教えることで、「教え方」の手順を学ぶのである。正しい教え方の手順を会得することで、「相手が覚えていないのは自分が教えなかったのだ」を経験する。受講者は実際に経験することをもって、「教え方の神髄」を習得するのである。したがって、受講者は、「電気コードの結び方」そのものを習いながら、

8.1 TWI と MTP

現実の職場において後輩に「教える」場面をイメージしながら取り組むことになっているのである。

　また、勘違いしてはならないのは、これは「マニュアル作りのため」ではないことである。わが国のサービス業に、マニュアルが本格的に輸入されたのは、1971年のマクドナルドの開業であった[5]。これが勘違いの始まりだった。日本人は、マニュアルを「仕事の手順書」だと思い込んでしまったのだ。しかし、マニュアルの本当の姿とは、「いま考えられる最もうまい方法」を記述したものなのだ。したがって、もっとうまい方法がみつかれば、それに書き換えなければならない。ましてや、そのうまい方法すら、経営戦略によるから、経営戦略が変更されたら、これまでのうまい方法を捨てなければならないのである。こうしてみると、TWI-JI でいう教え方の前提は、マニュアル作りとは関係のない、現場における「コツ」の伝授そのものだといえる。

　とあるホテルの、客室清掃係と調理場の中堅の方に、TWI-JI を経験してもらう試みをしたことがある。終了後の彼らの興奮は、「教え方を教えてもらった」ことが、彼らの入社以来の経験上（徒弟的な教え方・教わり方と全く違う）から腑に落ちたものであり、決して、「電気コードの結び方」に対するものではなかったことはいうまでもない。ただし、この1回の「試み」で終わってしまったことで、「職場風土」にまではならなかった残念がある。人事担当あるいは研修担当が、採用しなかったからである。第1章の酒巻キヤノン電子会長のインタビューで、「丸投げ」について不思議そうであったのは、彼のようなトップなら、こんなことを許すはずがないからでもある。おそらくこのホテルのトップは、従業員が興奮するほどの経験をしたことすら知らない日常にあるのだろう。

　昨今、さまざまな組織（企業だけでなく教育機関も含む）のハラスメントに関わる不祥事の発生が社会問題としていわれている。これらについて、TWI や MTP における「人を扱う技能」でのポイント、「部下を上手に扱う能力があること」が現場監督者やマネジメント層に欠けている事例として改めて見直すと、被害者には恐縮ながら、その教育を受けさせなかった組織そのものや、トップ、あるいは、上司らそのものに問題があると考えざるを得ないのである[*3]。このことは、表層にある「専門（知識や技術）」にだけ長けた人物や、過去の「専門における実績」などがあまりにも重視されて、基礎にあるはずの、「人間の側面についての理解」が軽んじられていることの、反省すべき証左な

179

第 8 章　MTP のパイオニア

のだといえる。

　もともと、正解がわからないのが人間というものだ。どんなに正しい（と思える）判断をしていても、時間の経過と共に問題が発生するのは、どこかで間違いがあるからだが、これを合理的に予測し、完璧な予防策を立てることは困難だ。なぜなら、人間集団とは、感情のある動物の集団だからで、それは、第 3 章の「ホーソン実験」の解説で述べたとおりである。したがって、MTP と TWI は、どちらかがより優れているという比較はできず、むしろ柔軟に応用してこそより高い効果を発揮するであろう[*4]。

　そこで、以下では、病院や大学医学部での TWI 取組み事例を紹介する。一見、ツーリズム産業からは遠いと思われるかもしれないが、その応用範囲の広さと深さについてのイメージを膨らませていただきたい。また、もう 1 件、ツーリズム産業のひとつとして、MTP を導入して半世紀となる国際自動車の事例を挙げたい。ここからみえてくるのは、どんな産業であれ業界であれ、「人間理解」なくして成り立たないという事実なのである。

8.2　医療での挑戦—筑波大学病院、新潟大学医学部の事例

　ホテル（Hotel）もホスピタル（Hospital）も、ラテン語の「hospital」を共通の語源とする[6]。ツーリズム産業と医療は、そう遠いものではなく、むしろ隣接した分野である。健康な人が Hotel を、病気の人が Hospital を利用するだけの違い、ともいえる。実際に、ホテルシステムや病院システムの開発にあたっては、ホテルでいう「ルームサービス」が病院でいう「食事の配膳」にあたるし、結婚式場の予約システムと手術室の予約システムに違いは少ない。また、診療（宿泊）受付と会計がロビーに配置されている建築設計も、基本は同じなのである。

　ここで、医師を頂点とした「チーム医療」を考えたとき、高度な専門知識や技能あるいは、技術を備えた専門家集団が 1 人の患者に向き合うことをイメー

[*3]　本書執筆中の、2023 年夏から 2024 年の年初にかけて、たとえば、日本大学アメリカンフットボール部の廃部決定にまつわる一連の事象、宝塚歌劇団における団員の死去に伴う遺族との騒動、プロ野球球団楽天ゴールデンイーグルスでの現役選手のパワハラによる解雇など、「人の管理」に関する問題が相次いで起きている。

[*4]　前掲隅谷・古賀[1] p.49 より、「東京芝浦電気：昭和二十六年秋「教育要綱」を発表して「従業員に対して行う教育の基本方針と、それを実施する基本体系を明示」し、（中略）最初に「実施基準」を設けて教育を開始したのは TWI による監督者訓練と、MTP による管理者訓練であった。」

8.2 医療での挑戦―筑波大学病院、新潟大学医学部の事例

図8-2 似通った部分も多いホテルと病院

ジすれば、「Hotel」とは違ってみえるかもしれない。しかし、やや引いて俯瞰すれば、「Hotel」における、それぞれの組織（職場）での人間集団が、1人の顧客を満足させようと努力していることと、総じて違いはないことに気づくのである。もちろん、医療現場における取組み努力があることを、ツーリズム産業にも拡大適応させたいというのが、本章の趣旨である。

(1) 筑波大学病院の取組み

筑波大学病院の具体的取組みは、2011～2013年度、文部科学省の「チーム医療推進のための大病院職員の人材養成システムの確立」事業に採択されたことをもって開始された。その前の検討段階で、アメリカのシアトル小児病院を

図8-3 筑波大学附属病院

第8章　MTPのパイオニア

訪問し、実際にTWI訓練を見学したことで、「TWI訓練の有効性」を確信したことに端を発しているという[7]。これには、急速な高齢化という時代を背景としたニーズの存在があった。多様な健康問題に柔軟に対応し、多職種が緊密に連携して包括的なケアを求められている一方で、医師不足、医療の高度化・複雑化、業務の増大といった制約から、現場の組織力を高め、効率化させることが課題となっていたのである。

そこで、筑波大学病院と日本産業訓練協会との共同プログラム開発がはじまり、でき上がったのが、「医療版TWI」ともいえる「TEAMS：Training for Effective & efficient Action in Medical Service」であった。前述の、TWIの4コースのうちから、JI、JM、JRの3コースを焼き直して、それぞれ、「TEAMS-BI（Better Instruction）」、「TEAMS-BP（Better Process）」、「TEAMS-BR（Better Relation）」に変更・命名した（表8-1[7]）。これによって、2012年から開始した研修は、病院内（延べ292人が受講）にとどまらず、2018年度からは、「医療者のための『つくばノンテク道場』」として、地域医療でも活用されるよう体制を整えたのである。本道場のウェブサイト[8]に、その現状がわかりやすく紹介されているので、読者にはぜひ閲覧することをお勧めしたい（表8-2[7]）。

10日間のコースは、表8-2の通りであるが、下記の5つの「テーマ」から構成されている。

・人を育てる
・人と関わる
・チームを動かす
・チームをつくる
・自分を知る

表8-1　TEAMSとTWIの比較[7]

TEAMS	変更点の一例	TWI
TEAMS-BI (Better Instruction)	TWIの「電気コード結び」を「救護テントのロープもやい結び」に変更	JI
TEAMS-BP (Better Process)	実演材料を「ナースステーションでの薬剤準備作業」に変更	JM
TEAMS-BR (Better Relation)	問題事例を医療現場での事例に変更	JR

8.2 医療での挑戦―筑波大学病院、新潟大学医学部の事例

表8-2 つくばノンテク道場プログラム[7]

開催日	テーマ	コース名と内容
1	人を育てる	TEAMS-BI（仕事の教え方） ―効果的な教え方・指揮の仕方を習得する―
2	人と関わる	コンフリクト・マネジメント ―協調的アプローチで、相手と合意形成する―
3	チームを動かす	TEAMS-BP（業務の改善の仕方） ―業務を「見える化」して、改善のポイントを探る―
4	チームをつくる	リーダーシップ・チームビルディング ―メンバーの協働を引き出すチームを作る―
5	自分を知る	MBTI（自分の心を理解する） ―タイプダイナミクス＆コミュニケーション―
6	チームを動かす	TEAMS-BR（人への接し方） ―人との関係を良くし、職場環境を改善する―
7	チームを動かす	ミーティングファシリテーション ―無駄な会議を生産的に変える―
8	人を育てる	コーチング＆人材育成 ―面談を通してメンバーの学習と成長を支援する―
9	チームを動かす	問題解決(1) ―ロジカル思考で原因の所在を突き止める―
10	チームを動かす	問題解決(2) ―システム思考で問題を俯瞰的に捉える―

この中に、「TEAMS」が折り込まれている。また、「TEAMS」以外の内容は、MTPのエッセンスとなっていることに気づかれることであろう。

なお、この研修の効果例として、参加した医療機関に救急搬送された心筋梗塞患者に対する、病院到着後の経皮的冠動脈形成術を受けるまでの時間が有意に短縮したことが発表されている[7)9)]。

さらに、「全日本病院協会認定総合医」の資格認定に関わる単位として「ノンテクニカルコース（10単位）」に、「TEAMS-BI、BP、BR」が採用されている。

(2) 新潟大学医学部の取組み

筑波大学病院の取組みは、新潟大学に波及した[*5]。

新潟大学は2020年12月、医学部医学科に「総合診療学講座」[11]を設置した。

---

*5 本稿は以下、新潟大学季刊広報紙『六花』[10]、2022年春号の「特集 回り出した総合診療医の循環型育成サイクル」をもとに執筆している。

183

第8章　MTPのパイオニア

　この講座は、患者の複数疾患や生活上の課題を総合的に診ることができる医師を継続的に育成するだけでなく、後進の育成に関わる人材を新潟県内で継続的に輩出する、「循環型医師育成サイクル」であり、さまざまな事業を展開している。これには、新潟県内での医師不足（人口当たりの医師数が少なく、かつ偏在）が深刻化しているという背景がある。そのために、新潟大学のこの取組みは、大学だけでなく、自治体、医師会が一体となっていることも特徴である。

　ツーリズム産業においては、「DMO：Destination Management Organization」や「DMC：Destination Management Company」といった、地域と協同して観光地づくりをする法人が昨今のトレンドとなっているのとは異なり、筑波大学病院や新潟大学医学部の取組みは、「人材育成」という観点から改めて参考になろう。

　嚆矢となった筑波大学病院は、上述のように文部科学省の事業認定をもって本格化した経緯がある。新潟大学医学部医学科は、厚生労働省の公募事業、「総合的な診療能力をもつ医師養成の推進事業」が採択され、その取組みを開始した。

　「全身を診る幅広い医学的知識と患者に寄り添う気持ちをもつ、全人的な診療を行える医師を育てる」ことで、「総合診療能力のベースをもっている臓器別専門医が増えれば、医師数が少なくても医療の初期対応が円滑に進む」という柔軟な発想が見て取れる。

　これは、総合診療医の「定義」の明確化が困難であるという事情もある。わが国では、2018年に「新専門医制度」が敷かれ、内科医、小児科医、外科医と同列に総合診療専門医が生まれたが、医師数も志望者数も内科希望者と比べ

図8-4　新潟における総合診療医育成の挑戦

8.2 医療での挑戦―筑波大学病院、新潟大学医学部の事例

て圧倒的に少ない実態がある。

　2021年1月には、新潟県と「協定」を結び、医師会とも連携して、大学卒前・卒後の一貫した教育体制が整ってきている。そして、将来的には、講座で学び卒業した総合診療医が後進の育成に携わり、教育・育成が循環していくことを目指している。さらに、育成システムの循環性・継続性・再現性が確立し、その成功を全国に発信することが将来的な目標にもなっているのである。

　ここで、筆者が注目したいのは、「卒業前教育」の概念に、新潟県在住の中高生を含めていることだ。第1章の京都橘高等学校吹奏楽部のリーダーが語った、中学時代の「憧れ」をほうふつとさせるのである。大学のオープンキャンパスや、新潟県主催のセミナーで、講座の取組みに参加している現役医学生とともに、「啓発」していることは、決して無駄ではなくむしろ強い意志からの自己指令への導きが狙いであると考えられる。その一環として、「総合診療学講座 on-line セミナー」の、「ヒューマンスキル領域」は、事前申込制ではあるが、「どなたでもご参加いただけます」として、一般市民への扉も開けている[12]。演題に、筑波大学病院の「TEAMS-BI、BP、BR」が採用されていることも確認されたい（図8-5）。

　このセミナー参加者がどのような「一般人」かはわからないが、「ヒューマンスキル」を一般人が学んでいることに、ツーリズム産業従事者は敏感であって欲しい。筆者が外資系投資銀行で得た経験のなかに、多くの宿泊業や観光事業の経営者のやや謙遜した言葉「当社の主たる顧客層は『中小企業の経営者』ばかりですからねぇ」がある。わが国は中小企業の国であり、大企業がざっと1.2万社なのに対して、中小企業は419.8万社ある。その割合は、大企業0.3%に対し、中小企業は99.7%なのである[13]。したがって、確率的にも、「顧客層が中小企業の経営者ばかり」になるのは当然である。その客層の中に、MTPやTWIを常識とする業界人が含まれているばかりか、いまや医療分野の従事者にも拡大浸透しつつあるのである。つまり、サービス提供側が「一般人」だと思い込んでいても、相手はTWIやMTPを熟知している可能性が高まっているのである。

　このように、筑波大学病院や新潟大学医学部医学科の取組みは、産業史において歴史的に決して「早い」とはいえないものの、その有効性が確認できている。MTP・TWIの効果がてきめんだということを、近接する産業としてツーリズム産業の従事者にも理解を促したいのである。

第 8 章　MTP のパイオニア

図 8-5　新潟大学医学部医学科総合診療学講座オンラインセミナー年間案内（令和 4 年度）[12]

8.3　人的サービス業にこそ MTP が必要―国際自動車インタビュー

> **国際自動車株式会社の概要**
>
> 1920 年創業。略称・通称は km（ケイエム）。
> グループ会社数：9 社、グループタクシー台数：4,833 台（業務提携会社を含む）（2024 年 3 月時点）、グループ社員数：6,300 名
> 東京地区では日本交通株式会社と並び最大手のタクシー事業者である。

国際自動車株式会社支援本部
労務支援室長、安原隆行氏

公共の交通機関としてのタクシーやバスも、ツーリズム産業の一角を占める。なかでも大手、国際自動車は、「ホスピタリティ・ドライビング km」を掲げ、「サービス業としての旅客運送」を追求している[14]。創業者は、半世紀以上も前（1955 年）から、MTP の重要性に気づき、社内における人材教育の柱としてきた歴史がある。それでも、過去 2 回、昭和の終わりのバブルとその崩壊期という混乱と、未曾有のコロナ禍では、MTP が対面をもってする方式であることから、研修そのものが見送られたという。

しかし、複数のインストラクターを社内育成していた（現在は 10 名ほど）こともあって、その灯火は一度も消えることがなかった。独特な業務体系であるタクシードライバーの職ではあるが、事業構造として乗務員個々人だけが会社に収益をもたらすという分析も土台にして、MTP にかける理由と想いを聞いた。（以下、文中敬称略）

(1)　タクシーのタクシーたるゆえん

――タクシードライバーと MTP という関係に曖昧さを感じるのですが、もともとどういった意図なのでしょうか。

安原隆行（以下、安原）：私どもは、タクシーという事業がどういうものか、を社内で定義づけております。それは、他の産業に比べて圧倒的な労働集約型

第8章 MTPのパイオニア

図8-6　国際自動車社員と車両
(出所:国際自動車公式サイト)

産業であるという認識です。簡単にいえば、自動車のほかに物的投資対象物がないことでわかります。もちろん、整備工場や事務所といった付属物はありますが、決定的に収益を生み出すのは、人であるドライバーだけだからです。ですから、ドライバーの人間力だけが頼りの商売だといえます。

── 「企業は人だ」ということがよく工業界を中心にした産業界でいわれていますが、なるほど、自動車がそこにあってもドライバーさんがいなければ、お客様を乗せる商売にならない。

安原：そのとおりです。自動運転技術がどうのといわれておりますが、なかなか実現しませんし、いったん会社の車庫から出たら、あとはそのドライバーにすべて任せるしかないという特徴もあります。中途採用者でも3か月、社会経験のない新卒ならもっと社内研修を受講していただかないと、当社ではひとり立ちさせません。しかし、ひとり立ちするとなれば、もうそこには指導員も乗車しませんし、上司もコントロール不可能な空間になります。

8.3 人的サービス業にこそMTPが必要―国際自動車インタビュー

――研修期間が長いですね。
安原：はい。当社の基準にあわせていただかないといけませんから。ただし、タクシードライバーの給与体系は、基本的に歩合給ですので、研修中は会社都合ということで、固定給に上乗せして負担感の軽減を図っております。これも、投資対象が他業界とは違って、物質的な設備投資よりも、人間に投資するという意識からです。

――そうすると、社内講師の人件費も、会場費やらも加えるとかなりな額になりますね。
安原：具体的な金額を申し上げることは控えますが、それなりの費用を会社は負担しております。

――私も社内で講師をしていたときには、受講者たちに必ず費用のことを話すようにしていました。意識の高い低いにかかわらず、そうやって耳に入れるようにすると、どういう意図で会社が教育研修を行っているかがわかってもらえますね。
安原：研修内容もそうした点から理解してもらえると、効果もおのずと充実します。

(2) MTPの意外な効果

――人手不足がどの業界でも深刻ですが、タクシー業界ではいかがでしょうか。
安原：私どもも「常時」乗務員募集をしておりますので、同じように深刻だといいたいのですが、実はちょっとしたことがありまして、そうでもない、という「特殊」があります。

――特殊な事情ですか。
安原：実は久しぶりに昨年（2022年）、乗車料金値上げが実施（東京23区では15年ぶり）されました影響から、連動してドライバーの収入も増加しました。そのことが知れ渡って、さまざまな職業の経験ある方々から応募をいただく状態になっています。ただ、どうしても適性がありますので、誰でもよいということにはなりません。むしろ、狭い空間での接客がどうしても苦手という人もいて、そのような人は二度とこの業界に近づいてはきません。

189

第8章　MTPのパイオニア

――確かに狭い空間でのひとりでの接客というのは、言うはやすく、で適性というのは重要ですね。

安原：近年ではこれにドライバーの健康管理も重視されてきています。座ったままの業務ですので、いわゆるエコノミークラス症候群を含めて、ドライバー自身の身体を気遣うことも会社に要求されますし、当然ながら安全にも直結します。しかも、タクシー車両は、個別にきっかり運行時間の制限が法的に設けられていますから、その時間内だけしか営業できません。そこで、営業効率と健康維持という相反するような問題があります。

――すると、健康上の気づきについて、ドライバーさんからの自己申告も重要な管理情報になりますね。

安原：そのとおりです。ですから、会社、言い換えれば上司や管理者との人間的な信頼関係がないと、ただ「働け」では通じないどころか、自身の健康状態などについても正直に自己申告しにくいなど、大変重いリスクを抱えることにもなりかねません。

――そこでMTPが登場するのですね。

安原：タクシードライバーには顔見知りの仲間がおり、そういった人たちのネットワークは他社のドライバーともできます。そのなかで、当社は違うという評価を得ることも重要で、会社とのさまざまな部分での信頼関係がとにかく必要になります。管理上の必要性といった上から目線ではないから、本当の意味での信頼関係になり得る。それを醸成するのがMTPです。

――ネットワークですか。

安原：この業種は口コミで入社（転職）するという傾向が強いですから、選ばれるために社風というのは重要ですし、稼げる稼げないという情報も当然重視されます。

――すると、離職率にも影響しますね。

安原：確かにそれはありますね。

(3) 売上とMTP

――MTPの売上でのメリットというと直接的すぎますか。

安原：投資としての研修費であると考えたら、売上とは別で特に貢献しないでは「何のため？」となってしまいます。タクシードライバーの評価は、売上金額だけではありませんが、ただその業務形態上、最もわかりやすいものです。ですから、もちろん、モチベーションを上げるためではあります。

　具体例として、隔日勤務なので1回の乗車で約16時間勤務ということになります。多い人で10万円ぐらいの売上になり、少ないと3万円ほどです。少ない人は金額を上げられないのではなく、「上げてこない」のです。会社としてこの売上をどうするかというとき、多い人にはもっと、とならないのは、超過労働になると事故や健康問題につながりかねないからです。ですから、上げてこない人の心理的欲求がどこにあるのか、を考えるという点で、MTPは不可欠です。

――TWIとも絡みますか。

安原：やはり管理者としてはMTPですね。生産意識を阻害する何かがあるのかなと考えることです。昔からいう、「（人をその気にさせるのが）うまい管理職」というのは、MTPと括らなくとも同じようなことをやっていたのですね。成功事例として、売上が倍の6万円になるということはそんなに珍しくなくあります。形式知とキメの細かさが管理者に要求されますが、いまの時代、管理者の数も減って管理される側の数が増えると、キメの細かさという点が最も困難になっています。この意味で、車内装備が機械化されていて管理に都合がよくなっているというのも、MTP的な管理ではないのでジレンマですね。

(4) 管理者早期育成とコロナ禍での気づき

――さまざまなドライバーが応募してくるために、kmとしての色をつけるのはやはり大変だと思います。

安原：昔はあり得なかった、といっても過言ではないのは、「大卒」ドライバーです。しかし、いまは大卒・新卒の応募も多数あります。昔は40代ぐらいにならないと、「班長（職長）」にならなかったのですが、いまは20代の早い段階でグループリーダーや管理者になってもらえるよう期待していますから、やはり早い段階でMTP、そのなかでも「傾聴」についてのカリキュラムを受講

第 8 章　MTP のパイオニア

させるようにしています。

──早い段階といえば、本書では先行研究としてマレーシアの事例（第 3 章参照）を紹介しています。それでも、コロナ禍で事実上の MTP をはじめとした各種研修を中断せざるを得ない状況になられたのは痛かったですね。

図 8-7　国際自動車の新人研修写真
（出所：国際自動車新卒採用サイト）

安原：どうしてこんなことが起きるのだ、といったことが日常でいくつも起きてしまっても、コロナ禍では監督者も対面で注意や指導すらできないような状況になりました。それで、忸怩たる想いがつのり、かえって、管理が弛んだことの反省が MTP の必要性を痛感させてくれるようにもなっています。社内でインストラクターの資格をもつ者たちが声を上げており、来年度からの復活を図っています。

──一般に「管理強化」といったときの「管理」というと、ガチガチのイメージになるかと思いますが。

安原：MTP がいう管理とは、決まった枠（ルール）にとにかく当てはめる、というものとは違って、自主性を促すものです。正しく判断し行動できるように管理するわけですから、一般的な「管理」とはだいぶ異なります。タクシーは特に、労働集約型産業なので、MTP 型の（自主）管理が薄くなるとやっぱりいろんな問題が起きてくると実感しています。

⑸　使い捨てされるのはどちらか

──ライドシェアサービスが世界潮流になっていますが、こうした業態における変化への対応という難易度の高い課題が現れました。

安原：安全性などの問題がありますが、確率論だけで議論すべきものかという疑問があります。そのためにも、選ばれること、が重要になっています。

8.3 人的サービス業にこそMTPが必要—国際自動車インタビュー

——利用者からだけでなく、働き手からも、という2つの意味がありますね。
安原：労務セクションの私が健康管理も行うことになった理由もそこにあります。当社のテーマに、健康で長く働いていただく、というのがあります。これは、離職などによる新規採用が、育成投資負担になるからでもあります。そうして、現役でいる方々に手厚くできる良いサイクルをつくりたい。そのため、少しでも長く勤めていただくために、安全や健康の部分などにも取り組んでいます。

——まさに企業内厚生労働省ですね。
安原：血圧や血糖値の管理はもちろん、自分から健康になろうという意識をもってもらうために何をしようか、ということを来年度の企画として考えているところです。そこでも、管理者が本人たちにどうやって気づいてもらうかが重要になってきますので、そういう研修をやろうと思っています。

——多くの企業人たちは、定年まで働きたい、という希望がありました。
安原：それはいまでも変わらないのではないか、と思いますが、先ほど述べましたように、当社では新人の研修（育成投資）期間が長い。ですから、長く勤務していただいてはじめて投資回収ができるのです。具体的には、いまの平均勤続年数は10年を切っています。これを12、3年にすると、ものすごく収支改善することができます。その分を現役の方に振り向けていけないか、ということです。

——なるほど、そこにMTPが要として登場するのですね。
安原：そのとおりです。これをどうやったらできるのか、いかに会社が選ばれ続けるか、ということになっているわけです。そこで、会社・上司との信頼関係をもって、社員たちが会社に何を望んでいるのか、欲求があるのか、を正直に語っていただきたい。それにまた会社が応えていくという循環が重要です。もう一方で、MTPは「科学的アプローチ」や、「QC7つ道具」という手法も具体的ですね。

——ただの心理的・感情コントロールではないもうひとつのポイントですね。
安原：かつて二十数名がインストラクターの資格を取得したときの衝撃がこれ

だったんです。誰も「科学的アプローチ」や「QC」という言葉さえ知らなかった。いま、当社では業務改善というテーマでの取組みも始まっています。それは、これだけ電子デバイスが普及していても、タクシーの仕事はアナログだからなんですね。そのために、こうした手法こそが肝だという気づきもあります。

――具体的にどんなことでしょうか。
安原：たとえば、朝に出社して、出庫するまでの手順、仕事で回るルート、最後の洗車などがあります。そうして、車庫に格納して業務が終了するわけです。この一連の流れのなかに改善できる部分を探しています。それは、前で触れた法的に車両の稼働時間制限があるからで、生産に振り分けられる時間をいかに増やすか、という問題です。ここにもMTPの視点があるので、若手にストップウォッチでさまざまな場面での計測をさせています。

――少し工業的ですね。
安原：MTPが工業・製造業で常識とされているために、工業・製造業専用で活用するものだという思い込みがあるようですが、このような人間を総合的・多面的に分析するとか、科学的に問題解決をしようとするのは、サービス業にこそ向いているのではないでしょうか。実際に当社で取り組んでみて、その効果は計り知れないとわかります。

――まさに、私どもが大声で主張したい結論ですね。
安原：人口減少など、これからの将来を考えれば考えるほど、接客を伴う人的サービス業にこそ、MTPは活用されるべきで、そうでないと使い捨てにされてしまいます。

――本日は、ありがとうございました。

8.4 インタビューを終えて

　私たちの生活で身近な交通機関のひとつが、タクシーである。普段使いもあるが、見知らぬ土地や観光地では、情報源としてもタクシーを利用する人は多いだろう。かくいう筆者も、個人旅行などで、自家用車での移動をしても、ホテルの駐車場に入庫したら、その町の探訪に地元のタクシーを利用する。この

8.4 インタビューを終えて

意味では、タクシーを運輸業ではなくて、「情報産業」に分類して差し支えない業界だと考えている[15]。あるいは昔なら「床屋談義」なる、近所の人たちのサロンが理髪店であったように、タクシードライバーから聞き出す世間話が、そのまま「世情」の確認という意味にもなっている。ドライバーさんが語る内容が、だいたい世間一般の平均的なこと、言い換えれば、当たり障りのない話であることが普通だからである（もちろんドライバーさんが凡庸だと断定しているのではない）。この点でも、タクシーは情報産業なのであって、ただA地点からB地点に移動したいだけで乗車しているとは限らない別の価値を提供している。

このインタビューでの話題は、もっぱら管理者側の目線からであることも特徴である。これは安原氏がその立場にあるから、という理由だけはなく、まさに「扇の要」がドライバーを束ねるリーダー職だということに注目していただきたいのである。つまりは、中間管理職の重要性である。

本書第5章で、経営学的なトレンドの大きな勘違いを解説したが、ここにはそれらの理論に翻弄される「中間管理職の悲哀」が思い起こされる。この勘違いは、第3章の「ホーソン実験」の成果を忘れたか、意図的に無視したことの結果ともいえる。それをまた、経営者たちが鵜呑みにしたので、「悲哀」が生まれたのだともいえる。つまり、本節はタクシー会社の事例ではあるが、タクシー会社だけのことを話してはおらず、奇しくも安原氏が最後に語った結論、MTPは接客を伴う人的サービス業にこそ必要だという指摘が、最も重要なポイントになっている。それは、対顧客だけでなく、働き手という、それぞれの立場にある人間の欲求から生じる言動にいかに対応するのか、という問いへのセオリー（定石）を示すのがMTPだからだ。

深刻な人手不足を新規採用の数で賄うのではなくて、早く一人前にして長く働いてもらう、という施策に、温かい気持ちと冷徹なコスト意識が併存するのは、それがビジネスだからである。安原氏が語る、現職への配分すなわち人件費を増やすことが人材確保の成功に至り、同時に巨額の研修費という人件費を削減できるというのも、至極当然のことだ。人件費を減らすばかりの施策を経営努力と称するのは、勘違いでは済まされない、それこそ使い捨てにされるのはどちらなのか、という、事業の根本にも関わる問題になるのである。

195

第 8 章　MTP のパイオニア

【参考文献】
1) 隅谷三喜男・古賀比呂志 編著（1978）『日本職業訓練発展史《戦後編》―労働力陶冶の課題と展開―』日本労働協会
2) 日本産業訓練協会「日産訓　私たちについて」
https://www.sankun.jp/about/　（2023 年 12 月 13 日閲覧）
3) 谷口茂（1969）『新しい人間関係管理』名古屋工業大学
4) 文部科学省「産業教育振興法の制度」
https://www.mext.go.jp/b_menu/hakusho/html/others/detail/1317773.htm
（2024 年 1 月 9 日閲覧）
5) 青木昌城（2015）『「おもてなし」依存が会社をダメにする―観光、ホテル、旅館業のための情報産業論』2-6 マニュアルの悲劇、文眞堂
6) 上田明子・北村宗彬・隈部直光・森住衛・若林俊輔 編集（1983）『英語基本語彙辞典』「hospital」、中共出版、p.298
7) 前野哲博（2018）「医療業務スタッフの TEAMS（TWI）研修の開発と現状」産業訓練：研修スタッフサポート誌、64(6)、特集「TWI 活用の現況を知る」、p.16
8) 筑波大学附属病院「医療者のための つくばノンテク道場」
https://www.hosp.tsukuba.ac.jp/nontech/　（2024 年 1 月 10 日閲覧）
9) H. Isono, T. Maeno, S. Watanabe (2018) "Reduction in Door-to-Balloon Time with Training for Effective and Efficient Action in Medical Service-Better Process (TEAMS-BP) at a Community Hospital in Japan" *Tohoku J. Exp. Med.*, 244(4), pp.305-315
10) 新潟大学（2022）「特集　回り出した総合診療医の循環型育成サイクル」新潟大学季刊広報誌 六花、40、pp.3-7
https://www.niigata-u.ac.jp/wp-content/uploads/2022/05/rikka40.pdf　（2024 年 4 月 18 日閲覧）
11) 新潟大学医学部医学科総合診療学講座、NTMG とは
https://www.med.niigata-u.ac.jp/genm/about/　（2024 年 5 月 1 日閲覧）
12) 新潟大学医学部医学科総合診療学講座、総合診療学講座　オンラインセミナー
https://www.med.niigata-u.ac.jp/genm/news/212/　（2024 年 5 月 1 日閲覧）
13) 中小企業庁
https://www.chusho.meti.go.jp/koukai/chousa/chushoKigyouZentai9wari.pdf
（2024 年 5 月 1 日閲覧）
14) 安原隆行（2017）「MTP で「足腰の強い管理」をめざす国際自動車の取り組み」産業訓練：研修スタッフサポート誌、63(2)、特集「今求められる管理者研修(1)」、pp.16-20
15) 青木昌城（2015）『「おもてなし」依存が会社をダメにする』1-4 梅棹アプローチ、文眞堂、pp.52-65

索　引

【英数】

5G デジタル通信 …………………… *132*
A. I. ………………………… *15, 67, 124*
ChatGPT …………………………… *39*
DX ………………………… *68, 115*
ES（従業員満足度）………………… *130*
GHQ ……………………………… *1, 39*
GoTo トラベルキャンペーン……… *113, 153*
Great Books（大著述）…………… *42*
Homo Economicus ………………… *58*
hospital …………………………… *180*
Human Relations Management ……… *61*
ISO9000 …………………………… *109*
LMX ……………………………… *122*
MTP（Management Training Program）
　………………………… *7, 12, 71, 135*
MTP の存在を知らない …………… *136*
MTP 未導入 ……………………… *75*
OJT ………………………………… *162*
ON・I・ON2 …………………… *167*
ppm ………………………… *30, 169*
RBV ……………………………… *109*
SL 理論 …………………………… *128*
STEAM 教育 ……………………… *41*
STEM 教育 ……………………… *39*
TEAMS …………………………… *182*
TQC ……………………………… *108*
TWI（Training Within Industry）
　………………………… *10, 66, 88, 177*

【あ行】

アートシンキング ………………… *114*
相手が覚えていないのは自分が教えなかっ
　たのだ ………………… *66, 88, 177*
アクションラーニング …………… *113*
明日の日本を支える観光ビジョン構想会議
　…………………………… *111, 134*
新しい人間関係管理 ……………… *56*
アベノミクスの成長戦略 ………… *120*
アメーバ組織 ……………………… *124*
アンゾフの成長マトリクス ……… *111*
暗黙知の共有・可視化 …………… *75*
生きる力 ……………………… *27, 33*
意識調査 …………………………… *166*
一人前の定義の欠如 ……………… *15*
犬丸徹三 …………………………… *2*
イミ消費 …………………………… *111*
インクルージョンな組織 ………… *131*
インタラクション ………………… *155*
インバウンド ………………… *98, 110*
ウェルビーイング ………………… *131*
失われた 30 年 …………………… *120*
エモい ………………………… *111, 124*
エンキュクリオス・パイデイア … *46*
エンゲージメント ………………… *167*
大倉喜七郎 ………………………… *1*
オーセンティック・リーダーシップ論
　…………………………………… *129*
お客様商売 ………………………… *30*

【か行】

外発的働きがい …………………… *168*
科学的アプローチ
　……………… *16, 78, 85, 152, 173, 193*
科学的管理法 ……………………… *57*
学習社会 …………………………… *42*
可視化 ………………………… *100, 127*
カスタマーイン …………………… *124*
カスタマーハラスメント ……… *146, 155*
価値共創 …………………………… *154*
課長 …………………………… *32, 75*

索　　引

観光客の誕生……………………………5
観光ビジョン実現プログラム2020……113
観光マネジメント研究部会……………138
感情のある動物………………57, 73, 78, 180
感情をもった動物………………14, 61, 168
キヤノン電子…………………………28, 75
キャリアアップ………………………149
京都橘高等学校吹奏楽部………………17, 72
クリティカルシンキング（懐疑思考）
　　……………………………………112
グレートマン理論……………………126
クレーム…………………………36, 156
経営者の役割………………………29, 56, 74
計画……………………………………141
計画を決める…………………………146
経済人………………………………29, 57, 73
傾聴…………………………56, 76, 101, 191
言語化困難………………………………68
現状変革型リーダーシップ論…………128
公職追放令………………………………1
行動経済学………………………………62
行動理論………………………………127
ゴールダウン方式……………………125
顧客を組織に取り込む………………100
国営ホテル………………………………5
国際基督教大学（ICU）………………45
国際経済労働研究所…………………167
国際自動車……………………………187
心の癒し………………………………123
古典的産業訓練………………………135
五島慶太…………………………………6
コト消費………………………………121
コミュニケーション欲求……………115
コロナ禍…………………………113, 175
コンティンジェンシーモデル…………127
コントロール不可能な空間…………188

【さ行】

サービシーズ…………………………154
サービス………………………………154

サービス残業…………………………149
サービス・ドミナント・ロジック……153
酒巻久……………………………………28
サプライヤー…………………………153
産業訓練………………………………134
産後パパ育休…………………………148
三自の精神………………………………34
三等重役…………………………………1
シェアリーダーシップ………………125
支援型のリーダーシップ……………122
自己指令…………………………………79
自己マネジメント………………………27, 74
事実について考える…………………146
事実をつかむ…………………………146
実感価値………………………………155
シックス・シグマ………………………30
老舗ホテル……………………………162
支配型のリーダーシップ……………119
社内昇格…………………………………4
従業員のモラール高揚…………………61
出生時育児休業………………………147
状況適応理論…………………………127
状態への嫌がらせ型…………………147
情報産業………………………………195
情報の非対称性………………………158
女性ならではのライフイベント……147
女性ならではのライフステージ……151
ジョブ型の人事システム……………125
ジョブ理論……………………………116
人件費削減ブーム……………………136
人材育成………………………………158
人文主義（humanities）………………48
心理的欲求……………………………191
巣ごもり生活…………………………123
スタグフレーション…………………118
スミス……………………………………62
成熟した組織……………………………27
生成 A.I.…………………………………39
制度等の利用への嫌がらせ………147, 149
セクシュアルハラスメント…………147

索　引

接客マネジメント……………………8
接収……………………………………60
創発的戦略（エマージェンス）………108
組織の成熟度………………………16
育ち…………………………………94
卒業前教育…………………………185

【た行】

対価型ハラスメント………………152
ダイナミック・ケイパビリティ……132
脱JTC………………………………125
タレント・マネジメント……………133
チェーンストア理論………………108
致命的………………………………136
チャンドラー Jr……………………19, 111
調製…………………………………74
調整……………………………74, 102
ツーリズム産業
　………………1, 12, 28, 31, 56, 73, 134, 177
ツーリズム産業の現場……………142
つくばノンテク道場………………182
堤康次郎………………………………6
帝国ホテル……………………………2
帝国ホテル社長………………………1
テイラー…………………………8, 57
デザインシンキング………………114
統合…………………………………90
統合による調整………………79, 103
道徳感情論…………………………62
ドライバーの人間力だけが頼り……188
ドラッカー……………………………8

【な行】

内発的働きがい……………………168
日経連…………………………………5
日本国際観光学会・観光マネジメント研究
　部会……………………………135
日本産業訓練協会
　………………9, 53, 75, 89, 107, 135, 178
ニューノーマル生活………………114

人間関係管理…………………………8

【は行】

バーナード………………13, 57, 74, 100, 173
箱根山…………………………………6
働かせ方……………………………29
ハラスメント………………………147
パワーハラスメント………………149
ビジットジャパン・キャンペーン……110
ビジョナリー・リーダーシップ論……128
人をめぐる問題……………………152
ピラミッド組織……………………119
不易流行………………………………9
フォレット…………………………8, 90
付加価値……………………………155
複線型学校制度……………………39
フラット組織………………………121
ブランド戦略………………………18
不良の発生…………………………30
プロジェクト………………………14
プロダクトアウト…………………119
変革型のリーダーシップ…………126
偏差値………………………………44
ホーソン実験……………………8, 29, 56
ホスピタリティ・ドライビング km……187
細うで繁盛記…………………………9, 89
ホテルオークラ………………………2

【ま行】

マーケットイン……………………121
マッカーサー指令………………61, 107
マネジメント………………1, 12, 134
マネジメントプロセス……………79
ムラ……………………………71, 137
メンバーシップ型の人事システム……125
モノ消費……………………………119
モノづくりは、人づくり………13, 137

【や行】

要素価格均等化定理………………63

199

索　引

欲求……………………………………78
欲求不満行動………………………175

【ら行】

ラテラルシンキング（水平思考）………112
リーダーシップ…………………72, 83
リーンスタートアップ………………113
リベラル・アーツ…………8, 20, 42, 53

レベル5リーダーシップ……………130
労働組合……………………5, 137, 161
六次の隔たり…………………………53
ロジカルシンキング（垂直思考）………112
ロバート・ハッチンス………………42
ロビンソン・クルーソー……………57
ロンドン・エコノミスト………………6

執筆者略歴

編著者略歴

青木　昌城（あおき　まさしろ）【序章、第1章、第3章、第4章、第6章-1、第8章】

ホスピタリティーコーチングサービス代表。1961年神奈川県生まれ。大学在学中、外務省派遣員として在エジプト日本国大使館勤務。卒業後、株式会社帝国ホテル、シティグループ投資銀行部門を経て現職。元中小企業基盤整備機構関東本部 経営支援アドバイザー。一般社団法人サービス連合情報総研客員研究員。著書に、『「おもてなし」依存が会社をダメにする－観光、ホテル、旅館業のための情報産業論』（文眞堂）、『地球の歩き方 エジプト・イスラエル』（ダイヤモンド・ビッグ社）、『ケースで読み解く デジタル変革時代のツーリズム』（ミネルヴァ書房）等。一般社団法人日本産業訓練協会公認MTPインストラクター。

執筆者略歴（五十音順・敬称略）

石渡　馨（いしわた　かおる）【第5章】

ソリューションリンク株式会社代表取締役。1956年東京都生まれ。株式会社日本コンサルタントグループで主に経営コンサルタントとして宿泊業界および外食業界を担当。人材育成分野は公益社団法人全日本能率連盟で資格制度運営の委嘱委員を経験し、流通科学大学作古貞義名誉教授への協力で厚生労働省と中央職業能力開発協会が推進するホテル業の職業能力評価基準と研修体系づくりに携わるなどがある。IT企業部長職を経て、現職。著書に、『地ビールで夢づくり－地域を活かすパブブルワリー開業実務の手引き』（日本コンサルタントグループ）、『飲食店大進化論－料理がうまいだけではやっていけない』（ソリューションリンク）等。

執筆者略歴

岡本　賢治　【第6章-2、第7章】

サービス・ツーリズム産業労働組合連合会中央執行委員政策局長。帝国ホテル労働組合特別中央執行委員。1962年千葉県生まれ。1986年株式会社帝国ホテル入社。主に宴会企画部門に従事。1995年帝国ホテル労働組合中央執行委員、2005年同中央書記長、2011年同中央執行委員長。『帝国ホテルに働くということ－帝国ホテル労働組合七〇年史』（ミネルヴァ書房）を出版。東京地方裁判所労働審判員。公益社団法人国際経済労働研究所理事。一般社団法人日本産業訓練協会公認MTPインストラクター。

神田　達哉　【第6章-4】

宝塚医療大学観光学部准教授。1976年兵庫県生まれ。同志社大学卒業、社会情報大学院大学（現：社会構想大学院大学）広報・情報研究科専門職修士課程修了、北海道大学大学院国際広報メディア・観光学院博士後期課程修了。博士（観光学）。株式会社JTB、一般社団法人サービス連合情報総研業務執行理事兼事務局長出向を経て、現職。著書に、『ケースで読み解くデジタル変革時代のツーリズム』（ミネルヴァ書房）、『人が活躍するツーリズム産業の価値共創』（成山堂書店）。総合旅行業務取扱管理者、世界遺産検定2級。

島川　崇　【第2章】

神奈川大学国際日本学部教授。1970年愛媛県生まれ。国際基督教大学卒業、ロンドンメトロポリタン大学院MBA（Tourism & Hospitality）修了、東京工業大学情報理工学研究科情報環境学専攻博士後期課程満期退学。日本航空株式会社、財団法人松下政経塾、株式会社日本総合研究所、東北福祉大学、東洋大学を経て、現職。著書に、『新しい時代の観光学概論－持続可能な観光振興を目指して』（ミネルヴァ書房）、『ケースで読み解く デジタル変革時代のツーリズム』（ミネルヴァ書房）、『観光交通ビジネス』『観光と福祉』『人が活躍するツーリズム産業の価値共創』（いずれも成山堂書店）等。

吉田　裕矢　【第6章-3】

一般社団法人サービス連合情報総研業務執行理事兼事務局長。1983年青森県生まれ。法政大学卒業。JTBグループ労働組合連合会特別執行役員、サービス・ツーリズム産業労働組合連合会特別中央執行委員。総合旅行業務取扱管理者、総合旅程管理主任者。

ツーリズム産業のための「MTP」のすすめ
組織マネジメントと人材育成のために　　定価はカバーに表示してあります。

2024 年 11 月 8 日　初 版 発 行

編著者　青木　昌城
執筆者　石渡　磐・岡本　賢治・神田　達哉
　　　　島川　崇・吉田　裕矢
発行者　小川　啓人
印　刷　亜細亜印刷株式会社
製　本　東京美術紙工協業組合

発売所 株式会社 成山堂書店
〒160-0012　東京都新宿区南元町 4 番 51　成山堂ビル
TEL：03(3357)5861　　FAX：03(3357)5867
URL　https://www.seizando.co.jp
落丁・乱丁本はお取り換えいたしますので、小社営業チーム宛にお送り下さい。

©2024　Masashiro Aoki
Printed in Japan　　　　　　　ISBN978-4-425-93281-8

成山堂書店の観光関係書籍

人が活躍する ツーリズム産業の価値共創

島川崇・神田達哉・青木昌城・矢嶋敏朗　共著
A5判・208頁　定価 2,750 円（税込）
ISBN978-4-425-92981-8

4名の執筆陣が、ツーリズム産業の価値共創のため議論を展開、スーパーガイド、カリスマ添乗員と呼ばれる卓越したプロたちや「価値共創」が実現できている他産業のリアル店舗の事例なども紹介する。ツーリズム産業に従事する人、この業界を志す学生たちへのエールとなる書である。

観光交通ビジネス

塩見英治・堀雅通・島川崇・小島克己　編著
A5判・304頁　定価 3,080 円（税込）
ISBN978-4-425-92881-1

観光の基本的要素である交通（陸・海・空）について、ビジネス、サービスの視点で解説、新たな観光のスタイル、観光需要を増やすためのマーケティングや人材育成、まちづくりといった業界の理論と実務、現状と展望も紹介する。産業としても重要性を増している観光とそれに関わる交通の概略を学べる。

観光と福祉

島川崇　編著
A5判・280頁　定価 3,080 円（税込）
ISBN978-4-425-92831-3

観光に関わる陸海空の交通機関、旅行業者宿泊業者、地方自治体の福祉への取組みや、介助士や補助犬などの福祉のサポートシステムなど、具体例を挙げながらその現状を紹介する。観光を推進するだけでなく、心のバリアフリーが定着する真の意味での福祉社会の在り方を考える一冊。

台湾訪日旅行者と旅行産業
インバウンド拡大のためのプロモーション

鈴木尊喜　編著
A5判・216頁　定価 2,860 円（税込）
ISBN978-4-425-92901-6

台湾の訪日旅行産業を今日まで発展させた背景にある、日台関係の歴史や台湾の旅行業の制度や仕組み、歴史を解説、近年の旅行形態の変化を考察する。日本側インバウンド事業者の、これからの旅行者への対応、旅行会社としての取組み、現地の旅行産業との接触のあり方などを考察する。